FRANKEN, BADEN, WÜRTTEMBERG

STUART PIGOTT

FRANKEN, BADEN, WÜRTTEMBERG

Zu Winzern und Weingärten

HUGH JOHNSONS WEINREISEN

Hallwag Verlag Bern und Stuttgart

Inhalt

Die englische Originalausgabe ist unter dem Titel «Touring in Wine Country Bavaria» im Verlag Mitchell Beazley (Teil der Verlagsgruppe Reed International Books Limited), London, erschienen.

Übersetzung: Peter Gillhofer, München
Redaktion und Lektorat der deutschen Ausgabe: Werkstatt Gillhofer, München
Orte und Weinberge: Sally Chorley
Index: Angie Hipkin
Satz: Anja Dengler, Werkstatt Gillhofer
Schutzumschlag: Robert Buchmüller
Produced by Mandarin Offset
Printed in Hong Kong

ISBN 3-444-10484-7

Hallwag

Durbach
Wein - und
Erholungsort

Vorwort

Der Wein strahlt mehr als alles andere, was wir essen und trinken, die Atmosphäre seines Entstehungsortes aus. In ihm spiegeln sich die ökologischen Umstände, der Boden und das Klima – und doch ist sein Charakter mehr als ein Amalgam der einzelnen Bestandteile. Sein Geschmack und seine Persönlichkeit werden geformt durch die Kultur einer Region und eines Landes, durch den gesamten Verlauf seiner Geschichte. Am Ende dieser Entwicklung steht dann der Wein, an den sich die Menschen in seiner Umgebung gewöhnt haben.

All diese Faktoren, von der geologischen Beschaffenheit des Landes, den Sommerregen und den Frühjahrsfrösten bis hin zu den jahrhundertealten Herrscherdynastien, bilden zusammen diesen fast nicht zu definierenden Begriff «Terroir». Je reicher eine Region ist und je länger ihr Boden kultiviert wurde, um so stärker werden dessen Eigenheiten auf die jeweiligen Produkte übergehen. Warum kommen denn die wertvollsten Weine in der Welt von Rebgärten mit einer uralten Tradition? Weil sich jede Generation und jeder Handgriff eines Winzers in den unverwechselbaren Eigenschaften dieser Weinberge verewigt haben. (Das bedeutet nicht, daß sie selbst bei ignoranter Bearbeitung stets einen ausgezeichneten Wein liefern würden. Aber ihr Potential stellt nun einmal die Summe all der Geschehnisse dar, die sich von der Vergangenheit bis zur Gegenwart in ihnen gespeichert haben.)

Freilich kann man einen Wein auch verstehen, ohne seine Ursprünge und Wurzeln in Augenschein zu nehmen. So täten wir früheren Generationen unrecht, wenn wir behaupteten, sie hätten den Charakter eines Weins nicht einzuschätzen und zu begreifen vermocht, bloß weil sie vielleicht nie in ihrem Leben einen Weinberg gesehen haben. Aber wir befinden uns nun einmal in der glücklichen Lage, den Werdegang unserer Weine bis zur Aufzucht, bis in den Keller, ja bis zu den Familien, die ihn formten, nachvollziehen zu können. Es ist eine Reise, die jedem von uns offensteht. Wir können die Gerichte essen, zu denen ein Wein an seinem Ursprungsort getrunken wird. Wir sind sozusagen Ehrenmitglieder einer Gemeinschaft und Kultur, die diesen Wein geschaffen hat.

Kein Wunder also, daß sich der Weintourismus immer größerer Beliebtheit erfreut. Wer einmal die Gastfreundschaft von Weinbauern kennengelernt hat, ihre Mitteilungsfreude (erstaunlicherweise auch Konkurrenten gegenüber) und die Bereitschaft der Weingemeinde in dieser Welt, über alle Grenzen hinweg zusammenzuarbeiten, mag diese persönliche Erfahrung nicht mehr missen.

Gäbe es eine Olympiade der Gastfreundlichkeit, kein Land in Europa könnte es mit Deutschland aufnehmen im Wettstreit um die herzlichste Aufnahme, die schönsten Blumengärten, das gemütlichste Heim und das größte Sortiment an offenen Probierflaschen.

Deutschlands Winzer sind die liebenswürdigsten Wirte, zumindest verwandeln sie sich in ihrer Freizeit dazu. Die Politik der offenen Tür macht Deutschland (und man darf hier Österreich dazurechnen) gemeinsam mit der herrlichen Landschaft zu dem angenehmsten und offenherzigsten Weinland überhaupt.

Bis vor etwa zehn Jahren zog es Weintouristen ausschließlich zu Rhein und Mosel. Freilich gab es gute Gründe, in den Schwarzwald zu fahren, ins württembergische Neckartal oder an den fränkischen Main – der Wein jedoch gehörte nicht dazu. Ganz zu schweigen von dem Restbestand an Weingärten in Sachsen und an der Elbe, die kaum einen Reisenden zu einem Umweg verlockten.

Doch gerade diese Regionen setzen mittlerweile – mehr noch als das allseits beliebte Rheinland – auf den Gastronomietourismus. So kann man heute in Baden oder Franken genausogut essen wie anderswo in Mitteleuropa. Und an der appetit- und geschmacksanregenden Weinbegleitung fehlt es hier ebensowenig wie in Frankreich.

Dieses Buch beschreibt ziemlich detailgenau einen weiten Landstrich von faszinierender Vielfalt, eine Reise durch kulturelle und geschichtliche Epochen sowie klimatische und topographische Extreme: von dem beinahe schwülen Klima Freiburgs und am Kaiserstuhl bis zu den burgbewehrten Bergkuppen des Schwarzwaldes, vom luxuriösen Baden-Baden bis ins ehrwürdige Heidelberg und in das geschäftige Stuttgart, von der ländlichen Schlichtheit der Hessischen Bergstraße bis zur Barockherrlichkeit der Stadt Würzburg, von den eichenbestandenen Bergen des Steigerwaldes bis zu den wiedererweckten Schönheiten von Meißen und Dresden.

Durch die gleichförmige Monotonie der Autobahnen wurden Grenzen und Unterschiede verwischt. Doch jenseits des Rheinlands beginnt für den Weintouristen eine Entdeckungsreise durch sehr eigenständige und ausgeprägte Rebenterritorien, deren Produkte auf der anderen Seite der sie umgebenden Wälder kaum bekannt sind.

In Bayern ist man vom einheimischen Frankenwein so begeistert, daß kaum etwas davon über die Landesgrenzen gelangt. Genauso verhält es sich mit den rassigen Württemberger Rieslingen, dem intensiven, reichhaltigen Pinot vom Kaiserstuhl und dem stilvollen Durbacher Klingelberger. Das alles erhöht den Reiz der Reise aber nur noch. Sie ist wie eine Pilgerfahrt in eine neue Welt, in der Standardrebsorten eine unbekannte, originelle Entwicklung einschlagen. Und Reben, von denen man noch nie etwas gehört hat, ergeben hier authentische Tropfen, die sich in den Regalen der Supermärkte nie und nimmer zu Hause fühlen.

Hugh Johnson

Einführung

Der Schwarzwald ist heute in der Welt ebenso ein deutsches «Markenzeichen» wie das Rheintal. Der Landstrich an der Ostseite des Rheintals zwischen Lörrach und Karlsruhe stellt zweifellos eine Naturschönheit sondergleichen dar, und dennoch ist der Schwarzwald nur eine von vielen bewaldeten Hügel- und Gebirgsketten in Bayern und Baden-Württemberg. Auch der Spessart, der Odenwald, die Schwäbische Alb, der Franken- und der Steigerwald sind attraktive Reiseziele, deren Reiz sich durch die günstig ausgerichteten Weinhänge an den Waldrändern und entlang der Flußtäler noch erhöht.

Hier wachsen viele von Deutschlands feinsten Weinen, und sowohl Rote wie auch Weiße haben in den letzten zehn Jahren ihre Qualität erheblich gesteigert. Nichteingeweihte stehen oft überrascht vor der Fülle, Tiefe und Komplexheit dieser Gewächse, deren Spitzenexemplare mit den besten trockenen Weiß- und Rotweinen aus Frankreich, Italien oder Österreich konkurrieren können.

Und als wäre das allein noch nicht ausreichend, um Weinreisende sofort die Koffer packen zu lassen, bietet diese Gegend auch noch eine unglaublich dichte Konzentration erlesener Restaurants. In einigen von ihnen stehen die Spitzenköche der Nation am Herd. Gutes Essen ging den Badensern schon immer über alles, so daß man hierzulande selbst in einfachen Gaststätten eine bessere Küche als anderswo in Deutschland (oder als vielerorts in Frankreich) antrifft.

Das kleine, malerische Weinbaugebiet Hessische Bergstraße gehört zwar offiziell zum Bundesland Hessen, seiner Weine und kulinarischen Genüsse wegen haben wir ihm in diesem Führer dennoch ein Kapitel eingeräumt.

Noch weiter vom Kernland der deutschen Weinberge liegen die Regionen Saale-Unstrut und Sachsen entfernt, die erst nach dem Sturz des DDR-Regimes im November

Links: *Die Häuser von Unterhambach an der Hessischen Bergstraße schmiegen sich in das Tal unterhalb der Weingärten des Ortes.*

Oben: *Die eigenwilligen Steinskulpturen verleihen dem reichen architektonischen Erbe eine ganz individuelle Note.*

Weinbaugebiete Deutschlands

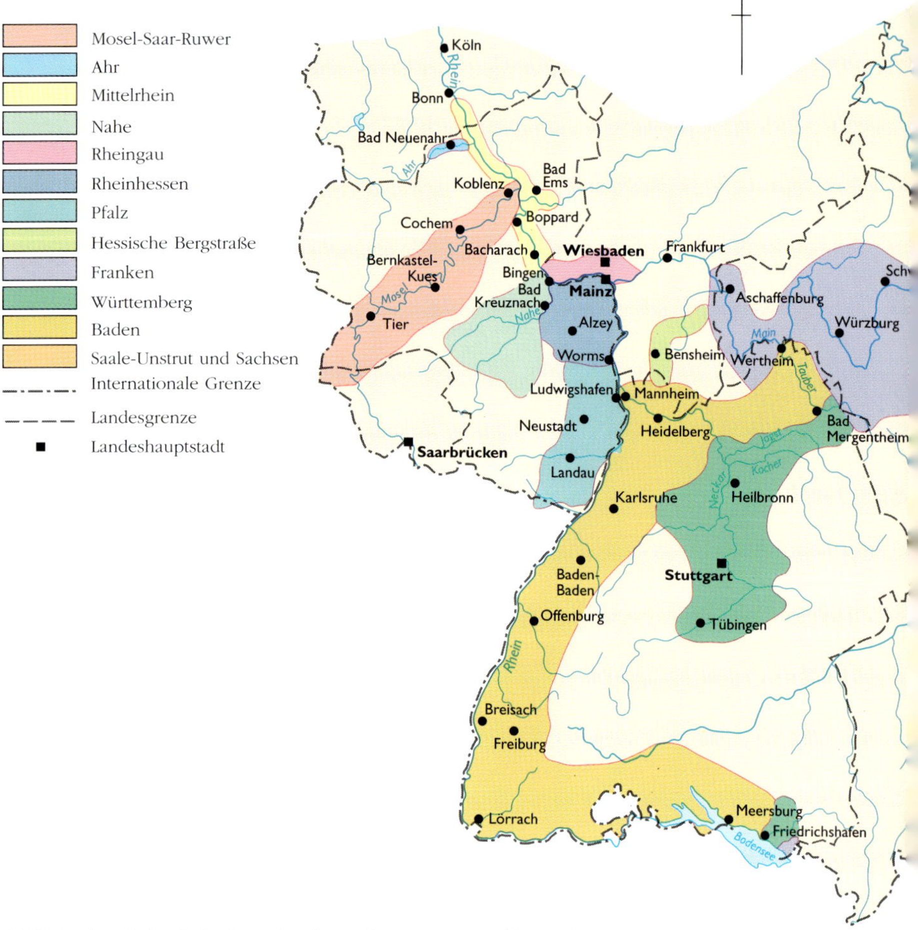

1989 in den Schoß der bundesdeutschen Winzergilde aufgenommen wurden. Auch diese Gebiete strotzen vor grandiosen Naturschönheiten und kulturgeschichtlichen Denkmälern, und sie bringen nicht zuletzt Weine hervor, an denen kein ernsthafter Beobachter dieser Szene achtlos vorübergehen kann.

In den Weinbauregionen gibt es etliche Städte von enormer geschichtlicher Bedeutung, die sich nahezu an jeder Straßenecke in Form von architektonischen Schmuckstücken dokumentiert. Beispiele dafür sind die fränkischen Städte Würzburg und Aschaffenburg, Freiburg und Heidelberg in Baden, Stuttgart und Tübingen in Württemberg sowie Naumburg im Bereich Saale-Unstrut und die sächsischen Vertreter Dresden und Meißen, deren Geschichte eng mit dem Weinbau verbunden ist. Seine Wurzeln reichen bis ins frühe Mittelalter und oft noch weiter zurück, und auch wenn die Entwicklung der Kellertechnik und -ausstattung heute an der Schwelle zum 21. Jahrhundert steht, haben die Winzer doch niemals den Kontakt zu ihren Ursprüngen verloren.

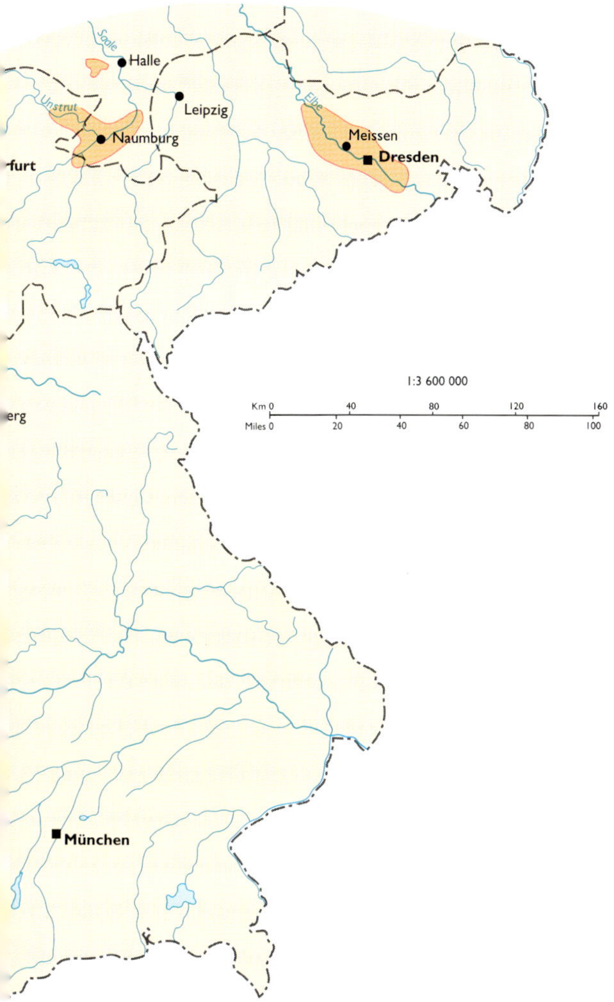

Unten: *Die friedliche Szenerie in Zell bei Bensheim an der Hessischen Bergstraße verkörpert den Charme deutscher «Frühlingsgärten».*

Oben: *Mit nahezu geometrischer Präzision hat man das Land aufgeteilt: die ebenen Flächen für die Landwirtschaft, die steilen Südhänge unterhalb der Wälder für den Weinbau. Im fränkischen Kontinentalklima gedeihen große, feste trockene Rieslinge, Silvaner und Müller-Thurgau.*

Weinbau und Weine

LANDSCHAFT UND KLIMA

Zwischen Lörrach und Wiesbaden bildet der Rhein eine regelrechte Nord-Süd-Achse, die die Hauptweinbaugebiete Deutschlands trennt. Das östliche gliedert sich wiederum in zwei breite Zonen mit dem Wall des Schwarzwalds auf der einen Seite und dem Odenwald und Spessart im Norden. Die Anbaugebiete im Westen dieser großen natürlichen Barriere – Baden (ohne Tauberfranken), die Hessische Bergstraße und die Westausläufer Frankens – erfreuen sich eines warmen, gemäßigten Klimas. Die Berge in ihrem Rücken halten die Kaltluft aus dem Osten ab, im Winter sinkt die Temperatur selten unter den Gefrierpunkt. Das Klima entspricht dem in der Pfalz auf der anderen Seite des Rheintals, im günstigsten Fall, wie am Kaiserstuhl, ist es sogar wärmer als dort.

Trotz der vorteilhaften natürlichen Gegebenheiten sind die mikroklimatischen Bedingungen derart unterschiedlich, daß die Qualität der Weine aus den «Schutzzonen» und aus den kühlsten Flecken erheblich differiert. So ist es denn auch kein Zufall, daß eine früh reifende Rebe wie Müller-Thurgau in den weniger begünstigten Gegenden angebaut wird, während man die besten Plätze den Nobeltrauben aus der Pinot-Familie und dem Riesling vorbehält.

Im Osten der bewaldeten Berge herrscht eher ein kontinentales Klima mit größeren Gegensätzen zwischen den warmen Sommern und den kalten Wintern. Ein später Kälteeinbruch im Frühjahr, kurz bevor sich die Knospen öffnen, oder frühe Fröste während der Lese können den Winzern beträchtliche Verluste bescheren. Darum pflanzt man sehr spät reifende Trauben wie Riesling und Traminer nur in den besten Lagen, bevorzugt in den geschützten Tälern von Main, Neckar und Elbe.

Die geologischen Voraussetzungen sind hier weitaus komplexer als in der Mosel-Saar-Ruwer-Region, wo nur eine einzige Bodenart vorkommt. Selbst auf den 300 Hektar, die das kleine Sachsen aufzuweisen hat, findet man Granit-, Gneis-, Porphyr-, Löß-Lehm- und Sandböden, die sich örtlich im Anbau von unterschiedlichen Traubensorten und in der Herstellung eines breiten Sortiments an Weinen niederschlagen. Freilich lohnen nicht alle Stile eine ernsthafte Auseinandersetzung, und um manche Weinen wäre es nicht schade, wenn sie einfach verschwänden, aber insgesamt trägt diese Vielfalt wesentlich zum Reiz dieser Regionen bei.

Oben rechts: *Am Kaiserstuhl findet man nebeneinander Weinberge mit den traditionellen schmalen Terrassen und den weiten Geländestufen modernen Zuschnitts.*

Unten: *Sasbachwalden im Herbstnebel. In vielen Gegenden bewahren dichte Wälder die Weinstöcke vor kalten Luftströmungen.*

REBSORTEN

Tradition und sogar manche Modeerscheinungen sind für den Anbau bestimmter Rebsorten genauso ausschlaggebend wie das Mikroklima oder die geologischen Voraussetzungen. So konnte sich in den sechziger und siebziger Jahren der große Leistungsträger im deutschen Weinbau, die **Müller-Thurgau**-Rebe, in all den hier geschilderten Gebieten durchsetzen. In Baden, Saale-Unstrut und Sachsen belegt sie gut ein Drittel der Anbauflächen, in Franken beinahe die Hälfte. In diesen Regionen kann die Rebe bei bescheidenen Erträgen und guter Herstellungstechnik Weine mit mehr Charakter hervorbringen als manch profilloser Traubenfusel von Rhein und Mosel.

Andererseits hat man in Württemberg fast 2 500 Hektar mit der roten **Trollinger**-Traube bepflanzt. Es wäre ohne weiteres möglich, sie durch Reben zu ersetzen, die farbintensivere und aromatischere Weine erbringen: **Lemberger (Limberger)**, **Spätburgunder (Pinot noir)**, seine engen Verwandten **Samtrot** und **Clevner** sowie **Dornfelder** sind alle für ernsthafte Rotweine gut. Doch der traditionelle Trollinger ist eben die «Muttermilch» der Schwaben.

In Baden stammen die meisten Spitzenweine von der Pinot-Familie ab: **Weißburgunder (Pinot blanc)**, **Ruländer/**

Unten: *Ruländer- oder Grauburgunder-Trauben, die in Frankreich Pinot gris, in Italien Pinot grigio und im Elsaß normalerweise Tokay genannt werden.*

Oben: *Die Silvaner-Rebe ist die traditionelle Basistraube in Baden und Franken.*

Links: *In den Weinbergen von Schloß Staufenberg in Baden hat man der Riesling- oder Klingelberger-Traube ein steinernes Denkmal gesetzt.*

Unten: *Die Trollinger-Traube ist auch unter dem Namen Vernatsch und in Italien als Schiava grossa bekannt.*

Grauburgunder (Pinot gris) und **Spätburgunder**. Aus den ersten beiden entstehen trockene Weißweine mit elf bis 14 Grad natürlichem Alkohol, entsprechender Frucht und geeignetem Körper. Beide haben eine ziemlich weiche Säure; Weißburgunder ist oft der elegantere, Grauburgunder der stärkere, üppigere Wein. Das traditionelle Spätburgunder-Reich ist in den letzten Jahren unaufhörlich angewachsen und dehnt sich mittlerweile auf einer Gesamtfläche von weit über 4 000 Hektar aus. Den meisten badischen Pinot noir gebricht es zwar immer noch an Struktur und Feinheit, doch den führenden Gütern sind in jüngster Zeit exzellente Weine gelungen. Nur in der Ortenau-Zone dominiert der **Riesling**, der weitgehend den Pfälzer Weinen ähnelt, aber eleganter ausfällt.

In Franken spielt der Riesling, der nur in Spitzenlagen voll ausreift, eine untergeordnete Rolle. Hier steht seit alters der **Silvaner** für Qualitätsweine gerade, auch wenn er meist einen rustikalen trockenen Alltagswein ergibt. Nur in den Lagen Klasse I bekommt er den zusätzlichen Schuß Fülle und Raffinesse, der ihn laut Hugh Johnson in die Nähe eines Grand cru Chablis rückt. Leider nisteten sich in den sechziger und siebziger Jahren minderwertige moderne Kreuzungen wie **Bacchus**, **Perle** und **Ortega** in Frankens Weinbergen ein, indes auch der **Rieslaner**, eine Kreuzung aus Riesling und Silvaner, der heute viele der feinsten und ausdrucksstärksten Dessertweine der Region liefert.

In Sachsen und Saale-Unstrut werden derzeit große Rebflächen neu bestockt, um die schwächeren Sorten und ausgelaugten Reben aus DDR-Zeiten zu ersetzen. Die Edeltrauben Riesling, **Traminer** und Weißburgunder scheinen dort eine sonnige Zukunft vor sich zu haben, wobei in Sachsen auch der Grauburgunder einen vielversprechenden Anlauf nimmt.

WEINBERGKLASSIFIKATION

In den vorgestellten Regionen ist die Weinbergklassifikation heute ein heißdiskutiertes Thema. Noch bis in die erste Hälfte des 20. Jahrhunderts sah man hier kaum größere Rebflächen, lediglich in Südbaden waren weite Areale bestockt. Damit war ungewollt auch eine Art Klassifizierung verbunden. Denn die höheren Preise, die die qualitativ hochstehenden Weine von den Spitzenlagen Würzburger Stein in Franken, Ihringer Winklerberg in Baden und Stettener Brotwasser in Württemberg erzielten, bewiesen deutlich ihre Überlegenheit.

In den letzten Jahrzehnten jedoch nahmen, wie in anderen Ländern auch, die Rebflächen zu, und neue Traubensorten wurden eingeführt – eine Entwicklung, die, von den Politikern tatkräftig unterstützt, besonders in Franken, Baden und Württemberg völlig außer Kontrolle geriet. Das Weingesetz von 1971 hatte die Grenzen vieler Spitzenlagen hinausgeschoben. Die Folge war, daß nunmehr viele zweitrangige Weindörfer aus dem Ruf ihrer berühmten Nachbarn direkt Kapital schlagen konnten. Baden und Franken sahen sich nun vor die gleichen

Oben und links: *Eine elegante Struktur ergeben die sorgsam gepflegten und exakt nach der Sonne ausgerichteten Riesling-Rebreihen im badischen Neuweier.*

Unten: *Die blauen Vogelschutznetze mischen der herbstlichen Farbpalette in Württemberg einen fremdartigen Ton bei.*

Probleme gestellt, wie sie vordem bereits an der Mosel aufgetaucht waren.

Heute ist hier ein klares System der Weinbergklassifikation genauso so drängend wie in anderen Bundesländern. Und vielleicht weil Württembergs Ansehen in der letzten Zeit etwas gelitten hat, legen sich die dortigen Spitzengüter bei der Ausarbeitung von Klassifikationsmöglichkeiten besonders ins Zeug.

Die Kellereien von Graf Adelman, Fürst zu Hohenlohe-Oehringen und Graf von Neipperg führten eine inoffizielle Klassifikation ein, im Rahmen derer die gewichtigeren Weine aus den traditionellen Rebsorten unter dem Namen «Württemberg Klassisch» verkauft werden.

Auf der anderen Seite entfachte die badische Sektion des Verbands Deutscher Prädikatsweingüter (VDP) einen Proteststurm, als sie vorschlug, die großartigen Lagen von Durbach von einer Klassifikation der regionalen Anbaugebiete auszunehmen. Der Hintergrund war einfach zu durchschauen: Keines ihrer Mitglieder besitzt in Durbach einen Weinberg!

In Franken sind die VDP-Güter mit ihren (einstweiligen) Vorschlägen sorgsamer und objektiver zu Werke gegangen. Die besten Erfolgsaussichten für eine gesetzlich anerkannte Weinbergklassifikation scheint jedoch die auch andernorts ermutigende Kampagne des Rheingauer Weinbauverbands zu haben.

In Saale-Unstrut und Sachsen stehen die Winzer mit der Entwicklung eines eigenen Lagencharakters ihrer Weine noch am Anfang. Die führenden Güter werden wohl noch fünf bis zehn Jahre brauchen, um ihre wichtigsten Lagen und die dafür geeignetsten Rebsorten zu bestimmen und sie entsprechend zu entwickeln.

Links und rechts: *Metallfässer und Anhänger traten im Weinbau an die Stelle von Weidenkörben und Pferdefuhrwerken. Doch die Trauben für die eleganten trokkenen Rieslinge und die kräftigen Gewürztraminer werden im badischen Durbach immer noch von Hand gepflückt.*

Unten: *Das Staatsweingut Meersburg verwendet temperaturgesteuerte Edelstahltanks für die Gärung, um das delikate Aroma der Trauben aus den Bodenseeweinbergen zur Geltung zu bringen.*

IN WEINBERG UND KELLER

In den letzten 20 Jahren fiel der Großteil der badischen, württembergischen und fränkischen Weinberge unter die Flurbereinigung. Die Stöcke jedes Winzers sind nun in einer kleinen Anzahl großer Parzellen zusammengefaßt – Dutzende von kleinen Rebflecken sind verschwunden –, und oberhalb wie unterhalb jeder Parzelle verläuft eine Straße. Das klingt alles sehr schön: Ziel war die Kostenreduzierung für die einzelnen Winzer, deren Arbeit vereinfacht und mechanisiert werden sollte. Doch die Flurbereinigung sieht nicht überall gleich aus. Am Beispiel des Kaiserstuhls in Baden wird deutlich, welchen Schaden sie anrichten kann, wenn man nicht mit der nötigen Sensibilität vorgeht. Im Zuge der ersten Flurbereinigungsaktionen hatte man die vielen schmalen Terrassen rund um den Hügel durch eine Handvoll massiver Geländestufen ersetzt. Schon nach kurzem stellte sich heraus, wie unpraktisch diese großflächige Gestaltung war, und nun rufen bereits etliche Winzer nach einer neuerlichen Korrektur, um die ursprüngliche Form wiederherzustellen.

Bei späteren Flurbereinigungen nahm man in diesen Gebieten dann mehr Rücksicht auf die ursprüngliche Bodenstruktur und das Ökosystem. Probleme ergaben sich dabei lediglich mit den höheren Erträgen. Die neue Landschaftsgestaltung ging ja häufig mit einer beabsichtigten Vergrößerung der Rebfläche einher, was letztlich bei den einfachsten Württemberger Weinen auf den Preis drückte und Schwierigkeiten auf dem Markt hervorrief.

In den neuen Bundesländern hatte man sich um solche Probleme gar nicht gekümmert, sondern bei Neubestockungen in den letzten Jahrzehnten lediglich darauf geachtet, daß der Weinberg mit normalen Traktoren zu

bearbeiten war. Zwischen den Reihen wurden drei Meter breite Schneisen angelegt – mit katastrophalen Auswirkungen auf die Lesequalität. Auf dem Papier ergibt das zwar niedrige Hektarerträge, was normalerweise auf ein hochqualitatives Produkt schließen läßt. Tatsächlich aber schmecken die Weine aus diesen Rebanlagen dünn und charakterarm, weil jeder Stock zu viele Traubenbüschel trägt und ein Großteil seiner Energie in die Blätter und Ruten fließt. Heute geht man in Saale-Unstrut und Sachsen daran, dieses Ungleichgewicht durch Neupflanzungen wieder zu beseitigen.

Bei der Weißweinproduktion beschritten diese Regionen in den letzten Jahrzehnten denselben Weg: weg von den Holzfässern und langer Faßalterung und hin zu Edelstahltanks, Kaltgärung und früher Abfüllung. Viele der besten trockenen Weißweine entstehen heute nach modernen Bereitungsrichtlinien in Stahltanks. Gegen den Einsatz neuester Techniken gibt es nichts zu sagen, solange die Erfahrung und das Einfühlungsvermögen des Kellermeisters den Umgang mit den jungen Weinen bestimmen und nicht die Erfordernisse der Technologie. Glücklicherweise haben viele Erzeuger erkannt, daß der Trend zu neutralen Weinen mit fader Fruchtigkeit über das Ziel hinausgeschossen ist. Heute ist eine Umkehr im Gange, hochklassige Weißweine kommen wieder aus dem Faß.

Bei der Rotweinherstellung haben die führenden Güter in Baden und Württemberg in den letzten Jahren gewaltige Fortschritte erzielt. Mittlerweile vergärt man die Qualitätsrotweine zwei Wochen lang auf den Schalen, unterzieht sie einer malolaktischen Säureumwandlung und läßt sie wie die großen Roten in Burgund und Bordeaux ein oder zwei Jahre in Fässern aus neuer Eiche reifen.

Oben: *Eine sorgfältige Berechnung des günstigsten Winkels für jede Rebreihe hat an den Hängen von Schloß Staufen dieses komplexe geometrische Muster hervorgebracht.*

Rechts: *Karl Heinz Johner zwischen den Barriquefässern aus neuer Eiche in seinem Keller im badischen Bischoffingen.*

Ganz rechts: *Von den steilen Granithängen Durbachs kommen Badens feinste Rieslinge.*

DER BESUCH VON WEINGÜTERN

Wie überall auf der Welt sprechen auch die Winzer in Deutschland gern über ihre Weine und lassen sie interessierte Besucher probieren. Bei der Planung von Gutsbesuchen ist jedoch zu berücksichtigen, daß die besten Weine – von den großen Kellereien in Würzburg und den badischen Genossenschaften einmal abgesehen – von kleinen Familienbetrieben hergestellt werden. Darum sollte man seinen Besuch vorher telephonisch ankündigen, wenn man von kompetenten Leuten empfangen werden will. Denken Sie bei der Anfahrt daran, Ihre Gastgeber von einer etwaigen Verspätung durch ein Telephonat zu verständigen. Für diese kleine Aufmerksamkeit wird man Ihnen sicherlich dankbar sein.

Zur Lesezeit Ende September bis in den Oktober hinein herrscht bei den Winzern immer Hochbetrieb. Wenn sie dennoch Besucher empfangen, werden sie wahrscheinlich weniger Zeit und Muße für sie erübrigen können als gewöhnlich. Bei den großen Gütern und Genossenschaften mit Empfangseinrichtungen für Besucher ist man nicht zum Kauf gezwungen, obwohl natürlich zumindest der Erwerb von ein paar Flaschen gern gesehen wird. Bei kleineren Betrieben ist es schlicht unhöflich, die Zeit des Winzers in Anspruch zu nehmen, ohne dann etwas zu kaufen.

Oben: *An der ebenso einfachen wie verführerischen Kombination Schwarzwälder Schinken, Roggenbrot und Grauburgunder erfreuen sich die Menschen schon seit Jahrhunderten.*

Die Küche

Nahrungs- und Genußmittel, so auch der Wein, spiegeln stets die Geschichte und Kultur jener wider, die sie produzieren und konsumieren. Die jeweils völlig andersartigen Eß- und Trinkgewohnheiten in den hier behandelten Regionen sagen demnach viel über deren unterschiedliche kulturelle und historische Entwicklung aus.

Baden gehört wie das Elsaß und der deutschsprachige Teil der Schweiz zum allemannischen Siedlungsgebiet, dessen Kultur stark von Frankreich beeinflußt ist. Der hiesige gastronomische Stil entspricht mehr einer typisch ländlichen Küche als der Grande Cuisine, wie sie in Paris oder Lyon gepflegt wird, verbindet aber dennoch Reichhaltigkeit mit einer gewissen Finesse. Für Badenser zählt der Besuch eines guten Lokals zum normalen Lebensstil. Das unterschiedliche Einkommen bestimmt lediglich die Häufigkeit solcher Exkursionen, nicht aber die generelle Einstellung zu gutem Essen. Daher ist der kulinarische Standard hier überdurchschnittlich hoch, und es gibt Dutzende von Gourmettempeln. Am besten veranschaulicht die Situation der Kurort Baiersbronn im Schwarzwald. Die Gastronomie dieser Stadt mit ihren 16 000 Einwohnern vereint nicht weniger als sechs Michelin-Sterne auf sich. Unter den Ausgezeichneten findet sich auch eines der exquisitesten deutschen Restaurants überhaupt, die Schwarzwaldstube von Harald Wohlfahrt.

Angesichts der ausgedehnten Wälder überrascht es nicht, daß in Baden Wild, insbesondere Rehfleisch, aus-

Rechts: *Nüsse und Trockenobst, die Grundlagen verschiedener Leckereien, auf einem Reutlinger Markt.*

Unten: *In fast allen älteren Hauptstraßen findet man noch Originalzunftzeichen wie dieses prachtvolle Metzgerschild in Reutlingen.*

gezeichnet schmeckt. Traditionellerweise wird es mit Spätzle serviert. Die Wälder liefern im Sommer und Frühherbst auch Unmengen von Wildpilzen. Eine badische Spezialität ist der Spargel, der besonders in den ebenen Bereichen des Kaiserstuhls kultiviert wird. Die Kirschgärten in den Hügeln liefern die Grundlage für Marmeladen und den Schwarzwälder Kirsch, der oft sogar die berühmten *eaux-de-vie* aus dem benachbarten Elsaß übertrifft.

Auch in Württemberg pflegt man eine üppige und gehaltvolle Küche, die das Essen, das man den Touristen an Mosel oder Mittelrhein auftischt, in den Schatten stellt. Es gibt eine erkleckliche Anzahl von erstklassigen Restaurants, darunter die Friedrichsruhe von Lothar Eiermann.

Franken hat zwar mit den Schweizer Stuben von Andreas Schmitt ebenfalls ein Nobelrestaurant, ist aber sonst einer gastronomischen Wüste mit ausnehmend rustikalem Erscheinungsbild durchaus vergleichbar.

Wie sich die Weinerzeuger von Saale-Unstrut und Sachsen wieder auf ihre Traditionen besinnen, bemühen sich auch die Küchenchefs und Wirte um ihren eigenen Stil.

Zum Gebrauch des Führers

Oben: *Schloß Albrechtsburg, im frühen 15. Jahrhundert unter der Leitung von Arnold von Westfalen errichtet, erhebt sich am ursprünglichen Standort Meißens an der Elbe. Es ist eines der schönsten weltlichen Bauwerke der Spätgotik.*

Dieser Führer beschreibt die deutschen Weinbaugebiete östlich des Rheins, von Baden bis zu Saale-Unstrut und Sachsen im äußersten Nordosten. Er eignet sich ebenso für Touristen, die nach ihren eigenen Plänen reisen, wie auch für solche, die lieber festgelegten Touren folgen.

Es werden jeweils eine oder mehrere Routen beschrieben, die durch das Herz jeder Weinbauregion führen. Dazu gehören auch die Weinstädte und -dörfer auf diesem Weg beziehungsweise der eine oder andere Ort, der seinen Mangel an trinkbarem Edelstoff durch eine reiche Geschichte oder Kultur ausgleicht. Die besten Hersteller werden ebenso vorgestellt wie die örtlichen Hotels, Restaurants und Sehenswürdigkeiten.

Wollen Sie einer der vorgeschlagenen Routen folgen und die dort erwähnten Güter besuchen, werden Sie annähernd einen Tag dafür brauchen (je nach ihrem genauen Ausgangspunkt). Sollten Sie aber Zeit für weitergehende Erkundungen haben, finden Sie auf den Karten sämtliche wichtigen Weinberge, die an Ihrem Weg liegen. Die günstigsten Ausgangspunkte für eine Weintour:

Lörrach für Südbaden, Stuttgart für Württemberg und Nordbaden, Frankfurt für die Hessische Bergstraße und Franken sowie Dresden für Saale-Unstrut und Sachsen.

Hotels

Die erwähnten Hotels wurden nach ähnlichen Kriterien ausgewählt wie die Restaurants.

Restaurants

Bei unseren Restaurantvorschlägen haben wir sowohl die Nobelgastronomie wie auch Gaststätten mit gutem regionalem Essen zu moderaten Preisen berücksichtigt. Es wäre unverzeihlich, wollte man bei einer Reise durch Regionen mit einigen der feinsten europäischen Restaurants nicht wenigstens einem von ihnen einen Besuch abstatten. In solchen Etablissements muß man mit 100 bis 150 DM für ein kleines oder bis zu 200 DM für ein großes Menü (ohne Wein usw.) rechnen. Das ist gewiß nicht billig, aber, verglichen mit den Preisen in den großen französischen Lokalen, durchaus noch gemäßigt. Zu Mittag dürften Sie auch bei relativ kurzfristiger Anmeldung einen Tisch bekommen, für ein Abendessen allerdings sollten Sie zwei oder drei Monate im voraus reservieren.

In Baden ist das gastronomische Niveau außerordentlich hoch, und Sie dürften selbst in nicht aufgeführten Lokalen gut speisen. In anderen Regionen ist das weniger wahrscheinlich. Die Qualität der Spitzenrestaurants in Saale-Unstrut und Sachsen sollte man nicht unterschätzen, doch hält man sich am besten an die Empfehlungen.

Sehenswürdigkeiten

Die meisten bedeutenden historischen und architektonischen Denkmäler werden gesondert aufgeführt. Die Sehenswürdigkeiten der kulturgeschichtlichen Ballungszentren sind im Haupttext beschrieben.

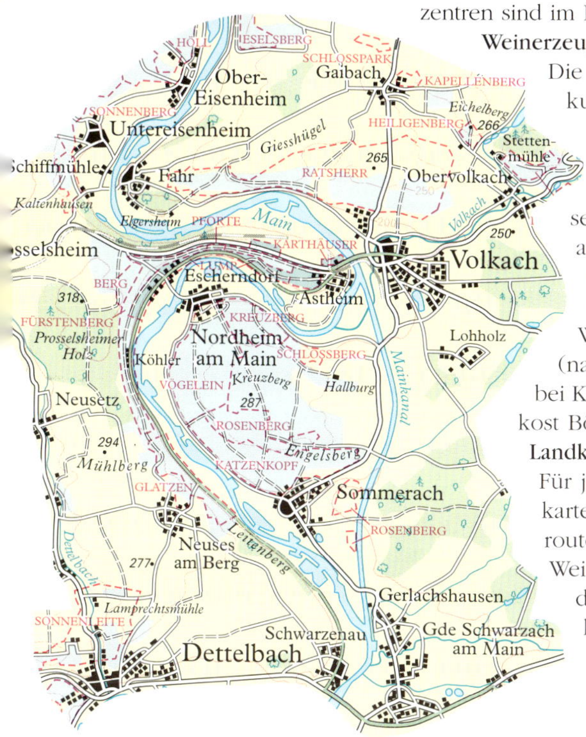

Weinerzeuger und Weingeschäfte

Die bedeutendsten Güter werden in kurzen Beschreibungen vorgestellt. In den Weinregionen östlich des Rheins kauft man fast immer am besten beim Winzer selbst. Gute Weinläden sind leider außerordentlich selten. Ein umfangreiches Sortiment feiner deutscher Weine findet man bei Weinland Keiler in Neu-Isenburg (nahe Frankfurt) und München, bei Käfer in München sowie bei Feinkost Böhm in Stuttgart.

Landkarten

Für jede der Regionen gibt es Landkarten mit vorgeschlagenen Weinrouten, den wichtigsten Orten und Weinbergen sowie weiteren Details, die auch eine eingehendere Erkundung der jeweiligen Gegend ermöglichen.

Baden

Pfalz und Rheinhessen haben zwar mehr Weinberge und auch eine höhere Weinproduktion vorzuweisen, doch in Baden sind die Rebflächen über ein größeres Gebiet verstreut als in anderen deutschen Regionen. In Einzelfällen liegen über 400 Kilometer zwischen den jeweiligen Weinbergen. Auffallend sind auch die landschaftlichen Kontraste: auf der einen Seite der Bodensee mit seiner Sicht auf die Alpengipfel, auf der anderen die herrlichen Flußschleifen des Taubertals, hier die sanft gewellten Hügel Heidelbergs, dort das hoch über dem Rheintal thronende Massiv des Kaiserstuhls. Mit den extremen Landschaftsveränderungen gehen natürlich auch drastische Unterschiede in Klima und Bodenzusammensetzung einher.

Trotz dieser Gegensätzlichkeiten bilden die badischen Weine fast so etwas wie eine Familie. Das liegt an der gemeinsamen Herstellungstradition, aber auch an der Tatsache, daß überall in der Region dieselben Rebsorten angepflanzt werden, insbesondere die Pinot-Familie (Weiß-, Grau- und Spätburgunder).

Der badische Weinbau läßt in vieler Hinsicht eine engere Verbindung zum Elsaß und zur deutschsprachigen Nordschweiz erkennen als zum übrigen Deutschland; zwischen den Anbau- und Herstellungsmethoden dieser drei gibt es jedenfalls deutliche Parallelen. Einer der führenden badischen Winzer meinte einmal halb im Scherz, es wäre durchaus sinnvoll, wenn man diese Teile Deutschlands, Frankreichs und der Schweiz zu einem eigenen Land zusammenfassen würde. Dennoch hat sich Baden in den letzten Jahrzehnten etwas abgesetzt und einen eigenen Stil von Weinen entwickelt.

Vom Umfang her ist der trockene Müller-Thurgau das herausragende Erzeugnis, mit dem Baden über ein Drittel seiner Gesamtproduktion bestreitet. Im Elsaß taucht diese Rebe kaum auf, und auch in der Schweiz spielt sie nur

Links: *Das 1945 schwer beschädigte Schloß Bruchsal wurde vollständig wiederaufgebaut.*

Oben: *Der Bodensee bietet den Urlaubern viele Möglichkeiten für Freizeitaktivitäten und Ausflüge.*

Baden
Weinort
Autobahn
Bundesstraße
Sonstige Straßen
Bahnlinie
Internationale Grenze
Landesgrenze
Regierungsbezirksgrenze
1 Großsachsen
2 Dossenheim
3 Impfingen
4 Dittigheim
5 Gerlachsheim
6 Beckstein
7 Dainbach
8 Klepsau
9 Dielheim
10 Malsch
11 Eichtersheim
12 Königschaffhausen
13 Oberbergen
14 Merdingen
15 Efringen-Kirchen
16 Grenzach
1:1000 000
Km 0 10 20 30 40 50
Miles 0 10 20 30
N
Heppenheim
Laudenbach
Hemsbach
LAMPERTHEIM
Sulzbach
VIERNHEIM
WEINHEIM
Lützelsachsen
MANNHEIM
Hohensachsen
Heddesheim
Hirschberg
LUDWIGSHAFEN
Schriesheim
Eberbach
Ladenburg
Hirschhorn
HEIDELBERG
Neckar
Eppelheim
Brühl
Rohrbach
Neckargemünd
Schwetzingen
Binau
Ketsch
Leimen
Mosbach
Hockenheim
Nussloch
Neckarzimmern
Walldorf
Wiesloch
Hassmersheim
Reilingen
Horrenberg
Gundelsheim
Rauenberg
Tairnbach
Sinsheim
Wiesental
Kronau
Mühlhausen
Steinsfurt
Bad Rappenau
Östringen
Kirchardt
Neudorf
Bad Schönborn
Neckarsulm
Hochstetten
Elsenz
Forst
Odenheim
HEILBRONN
BRUCHSAL
Kraichtal
Menzingen
Schwaigern
Leingarten
Linkenheim
Heidelsheim
Eppingen
Eggenstein
Grombach
Sulzfeld
Kleingartach
Rhein
Flehingen
Weingarten
Bauerbach
Landau
Bretten
KARLSRUHE
Jöhlingen
Knittlingen
Grötzingen
Berghausen
Durlach
Stuttgart
Rüppurr
Bilfingen
Ölbronn-Dürrn
Durmersheim
Mühlacker
Ettlingen
Ersingen
Beitigheim
Ellmendingen
Malsch
Dietlingen
Stuttgart
RASTATT
PFORZHEIM
Iffezheim
Kuppenheim
Neuenbürg
BADEN-BADEN
Gaggenau
Bad Herrenalb
Gernsbach
Sinzheim
Obertsrot
Steinbach
Neuweier
Weisenbach
Bühl
Bühlertal
Ottersweier
Badener Höhe 1003
Sasbach
Lauf
Neusatz
Achern
Sasbachwalden
Önsbach
1163
Renchen
Kappelrodeck
Strasbourg
Stadelhofen
Ulm
Ringelbach
Kehl
Appenweier
Oberkirch
Nussbach
Durbach
Lautenbach
OFFENBURG
Fessenbach
Ortenberg
Mooskopf 871
Hofweier
Ohlsbach
Berghaupten
Oberschopfheim
Gengenbach
Friesenheim
Heiligenzell
LAHR
Sulz
Steinach
Seelbach
Kippenheim
Schmieheim
Altdorf
Ettenheim
Ringsheim
Münchweier
Herbolzheim
Bleichheim
Kenzingen
Malterdingen
Endingen
Köndringen
Sasbach
Riegel
Teningen
Bahlingen
Emmendingen
Vogtsburg
Eichstetten
557
Waldkirch
Burkheim
Bötzingen
Denzlingen
Ihringen
Gottenheim
Glottertal
Breisach
Gundelfingen
Oberimsingen
FREIBURG
Tiengen
Merzhausen
Schallstadt
Ebringen
Wittnau
Bad Krozingen
Kirchhofen
1284
Ehrenstetten
Staufen
Heitersheim
Buggingen
Sulzburg
Belchen 1414
Herzogenhorn 1415
Hügelheim
Neuenburg
Todtnau
Schluchsee
Auggen
Müllheim
1224
Hochkopf 1263
St Blasien
Mulhouse
Feldberg
Schliengen
Bad Bellingen
Tannenkirch
Zell
Todtmoos
Rheinweiler
Kandern
Höchenschwand
Holzen
Hotzenwald
Istein
Welmlingen
Bannholz
Eimeldingen
Schopfheim
Görwihl
Maulburg
Wehr
Waldshut
Tiengen
Basel
LÖRRACH
Weil
Rheinfelden
Bad Säckingen
Laufenburg
Zürich
Whylen
Bonndorf
Grimmelshofen
Stühlingen
Eggingen
Rechberg
Erzingen
Klettgau
Nack
Hohentengen
Blumberg
918
Stuttgart
A81-E41
Engen
Stockach
Aach
Ludwigshafen
A98-E54
SINGEN
Bodman
Rielasingen
Hilzingen
Hohentwiel
Birnau
Gottmadingen
Worblingen
Radolfzell
Reichenau
Meersburg
Winterthur
Gallingen
KONSTANZ

eine untergeordnete Rolle, doch gerade in weniger begünstigten Badener Weinbergen kann sie leichte, trokkene und nicht zu herbe Weine ergeben. Ruländer und Grauburgunder sind die vorrangigen Quellen weißer Qualitätsweine. Obwohl es sich bei ihnen eigentlich um dieselbe Rebsorte wie bei der elsässischen Tokay Pinot gris handelt, unterscheiden sich die deutschen Ausformungen doch erheblich. Der Ruländer ist süßer und schwerer als sein Vetter aus dem Elsaß, der Grauburgunder lebhafter und weniger opulent. Die badischen Weißburgunder wiederum schmecken eher wie unaufdringliche und elegante Grauburgunder-Versionen und haben mit dem Elsässer Pinot blanc weniger gemein.

Im letzten Jahrzehnt haben sich die badischen Spätburgunder-Pflanzungen rasch auf 4 330 Hektar ausgedehnt, wodurch sich die Region, anders als das Elsaß oder die Nordschweiz, in Qualität und Quantität zu einem «roten Riesen» mauserte. Badens moderne, eichenfaßgereifte rote Spätburgunder genießen heute international höchste Wertschätzung.

Obwohl man Riesling für gewöhnlich nicht mit Baden assoziiert, sind hier über 1 370 Hektar damit bestockt. Und zumindest in der Ortenau erzielt man beeindruckende Ergebnisse, die mehr an die Pfälzer als an die Elsässer Rieslinge erinnern. Spezialitäten sind der aromatische Gewürztraminer, der Muskateller und die Scheurebe.

Oben: *Die Alte oder Karl-Theodor-Brücke überspannt den Neckar unterhalb von Heidelberg, dem Sitz der berühmtesten deutschen Universität (gegründet 1386). Das mehrfach umgebaute Schloß (14. Jh.) repräsentiert heute praktisch alle Architekturstile.*

BODENSEE UND SINGEN

HOTELS

Adler
Siehe Restaurants.

Bad Schachen
88131 Lindau-Bad Schachen
Tel. 08382/2980
Das vornehme Kurhotel in einem schönen Uferpark strahlt den Charme vergangener Zeiten aus. Schwimmbecken im Freien und im Haus sowie Tennisplätze.

Bayerischer Hof
Seepromenade, 88131 Lindau
Tel. 08382/9150
Sehr komfortabel, perfekte Lage – Preise entsprechend. Mitte November bis Ostern geschlossen.

Berghotel Baader
Siehe Restaurants.

Drei Stuben
Siehe Restaurants.

Seehotel Siber
Siehe Restaurants.

Seewirt (Zum Engel)
Seestraße 15, 88149 Nonnenhorn
Tel. 08382/89142
Familienbetrieb am Seeufer mit Caféterrasse unter Kastanienbäumen. Ordentliche regionale Küche (Fisch). Angenehme, komfortable Zimmer.

Steigenberger Inselhotel
Auf der Insel 1, 78462 Konstanz
Tel. 07531/1250
In ehemaligem Kloster auf einer Bodenseeinsel. Hübsche Terrasse; Restaurant weniger begeisternd.

Unten: *Die friedliche Stimmung von Birnau am Bodensee.*

BODENSEE UND SINGEN

Mit seinen grünen Hügeln, den malerischen alten Städten und dem Blick auf die fernen Alpengipfel bildet der Bodensee ein beliebtes Ziel für Touristen. Und weil sie auch die Weiß- und Roséweine aus den 350 Hektar Weinbergen in der südlichsten Ecke Badens über alles schätzen, landet nur wenig davon im übrigen Deutschland, geschweige denn auf den Exportmärkten. Daher sind sie auch jenseits vom Bodensee kaum bekannt, und ihre Erzeuger sehen wenig Veranlassung, eine Spitzenqualität anzustreben. Etwas enttäuschend, denn während die Gegend in makelloser Schönheit erstrahlt, könnten die Weine durchaus eine Politur vertragen.

Lindau im Bodensee erreicht man von München aus über die Autobahn A 96. Die alte Stadt mit den engen, kopfsteingepflasterten Straßen (stellen Sie das Auto ab, und ziehen Sie flache Schuhe an) liegt auf einer knapp einen Kilometer langen Insel. Umgeben ist diese Fremdenverkehrsattraktion von Festungstürmen und Gärten, der Hafen gewährt einen schönen Blick auf die Alpen.

Lindaus Weingärten und auch jene in den hübschen Städtchen Wasserburg und Nonnenhorn im Westen (siehe Karte S. 69) gehören formal zum Weinbaugebiet Franken, politisch zum Bundesland Bayern. Die trockenen Weißweine (vorwiegend Müller-Thurgau) können angenehm erfrischend sein, hinterlassen aber ansonsten wenig Eindruck. Die Trauben gedeihen in der kühlen Einflußzone des hoch aufragenden Bregenzer Waldes gleich jenseits der Grenze in Österreich. In dieser Zone ist die Apfelernte weitaus wichtiger als die Traubenlese. Die hiesigen Obstbauern haben sich auf einheimische Sorten spezialisiert und sich nicht von dem Trend zum geschmacksfaden Golden Delicious irritieren lassen. Eine Spirituosen-

Ganz oben: *Die alten Straßenzüge in der hübschen Stadt Lindau entstanden in wohlhabenden Zeiten, als die Insel noch ein wichtiges Handelszentrum darstellte.*

Oben: *Der Treppengiebel eines Bürgerhauses in Meersburg. Der Ort liegt am, nicht wie das auf einer Insel gelegene Lindau im Bodensee.*

Villino
Hoyerberg 34, 88131 Lindau-Hoyren
Tel. 08382/93450
Kleines Hotel außerhalb Lindaus. Schöne Terrasse; gutes italienisches Restaurant.

RESTAURANTS

Hotel Adler
Oberdorfer Straße 11
88085 Langenargen
Tel. 07543/3090
Rudolf Karrs kleines Hotel mit ausgezeichnetem Restaurant liegt zwischen Lindau und Friedrichshafen. Spezialität: Fische aus dem See. Exzellente Weinkarte.

Berghotel Baader
Salemer Straße 5, 88633 Heiligenberg
Tel. 07554/303
Kleines Hotel und feines Restaurant in den Hügeln hinter Salem. Erlesene Küche und großzügige Portionen zu vernünftigen Preisen.

Brauereigasthof Krone
Bärenplatz 7, 88069 Tettnang
Tel. 07542/7452
Traditionelle schwäbische Gaststätte: gute rustikale Küche, lokale Weine und selbstgebrautes Bier. Einfache, angenehme Zimmer.

Restaurant und Hotel Drei Stuben
Kirchstraße 7, 88709 Meersburg
Tel. 07532/6019
Stefan Marquard präsentiert eine moderne kreative Küche mit italienischem Einschlag. Schön restauriertes Fachwerkhaus in der Altstadt mit modernen Zimmern. Anständige Preise. Reservierung erforderlich.

Rechts: *Meersburg an Deutschlands »Riviera« zieht viele deutsche Urlauber an.*

Unten rechts: *Die attraktiven Uferkais am Bodensee laden zu Spaziergängen ein.*

Hoyerberg Schlössle
Hoyerberg 64 (auf dem Hoyerberg)
88131 Lindau-Hoyren
Tel. 08382/25295
Friedbert Langs klassische deutsch-französische Küche, ein großes Sortiment französischer Weine und eine atemberaubende Aussicht von der Terrasse auf den See und die Alpen. Reservierung erforderlich.

Schachener Hof
Schachener Straße 76
88131 Lindau-Bad Schachen
Tel. 08382/3116
Schwäbische Küche von Thomas Kraus, gut und exakt zubereitet. Moderate Preise, freundliche Bedienung.

Seehotel Siber
Seestraße 25, 78464 Konstanz
Tel. 07531/63044
Renovierte Jugendstilvilla, in der Küchenchef Bertold Siber eine moderne Interpretation der klassischen Küche auftischt. Gute Bodenseeweine, hinreißende Aussicht. Teuer wie auch die stilvollen, eleganten Hotelzimmer. Reservierung erforderlich.

Villino
Siehe Hotels.

SEHENSWÜRDIGKEITEN

Birnau – Die schöne Rokokowallfahrtskirche (1750) mit herrlichen Deckengemälden von Gottfried Goetz steht nahe dem Seeufer. In einem der benachbarten Güter des Markgrafen von Baden können Sie Weine probieren und eine leichte Mahlzeit einnehmen.

Konstanz – Die schöne Altstadt ist um das Münster mit seinem prächtigen Westturm und den bemerkenswerten mittelalterlichen Fresken angelegt. Bauzeit: Mitte 11. bis Ende 17. Jh. Eindrucksvoll auch das Renaissancerathaus und das Kaufhaus am Hafen aus dem 14. Jh.

Mainau – Mit seinem Schloß und dem botanischen Garten ist die kleine Bodenseeinsel ein beliebtes Tagesausflugsziel. Ruhe und Frieden suchen Sie hier allerdings vergebens.

Meersburg – Bei schönem Wetter ist die Altstadt von Touristen überlaufen. Das Alte Schloß stammt aus dem 7. Jh., die Häuser größtenteils aus dem 16. und frühen 17. Jh. Das beeindruckende Neue Schloß ist ein klassisches Beispiel süddeutschen Barocks. Das benachbarte ehemalige Priester-

spezialität sind die Obstler, gegenüber denen manch Elsässer *eau-de-vie* eher wie eine Schnapsleiche wirkt.

Fährt man auf der B 31 weiter nach Westen, nimmt die Anzahl der Rebparzellen bei Kressbronn zu. Sie gehören nun verwirrenderweise zu Württemberg (siehe Karte S. 69); ohnehin sind die Weine von der Menge und Güte her ziemlich unbedeutend. Weiter geht es nach Friedrichshafen (wenn man nicht die Fähre nach Romanshorn am Schweizer Seeufer nehmen will). Die besten Weinberge dieser Gegend ziehen sich an den nach Süden ausgerichteten Hängen zwischen Kirchberg und Birnau hinauf. Bei einer Höhe von 400 bis 500 Metern über dem Meer herrschen hier mit die kühlsten Temperaturen Badens. Die ideale Ausrichtung und die mäßige Wärme lassen frische, zarte trockene Rosé- und Weißweine entstehen. Aufgrund der morgendlichen Nebel im Spätsommer und Herbst gestaltet sich die Rotweinproduktion schwierig, der Spätburgunder (Pinot noir) Rosé jedoch gelingt oft sehr gut.

Die alte Stadt Meersburg mit ihren zwei Burgen hoch über dem See ist vielleicht noch schöner als Lindau. Das Alte Schloß, das aus dem Jahr 630 stammt, ist die älteste Festung Deutschlands, doch das barocke Neue Schloß oberhalb des steilen Weinbergs Rieschen prägt sich den Bodenseebesuchern am nachhaltigsten ein.

Aufricht ist der beste Erzeuger in dieser Gegend, ihm folgen Thomas Geiger und das unbeständige Staatsweingut. Von hier ist es nur eine kurze Strecke nach Birnau, dessen Barockkirche sich majestätisch über den Weinbergen am Seeufer erhebt.

Die Stadt Singen, 32 Kilometer westlich vom Bodensee, ist berühmt für ihren Weinberg Olgaberg an den Steilhängen des Hohentwiel, mit 560 Metern der höchste Rebhügel Deutschlands. Gekrönt wird der Hohentwiel von einer mittelalterlichen Festung und einem dazugehörigen Schloß aus dem 16. Jahrhundert.

seminar hat eine sehenswerte Rokokokapelle. Es gibt eine Fülle von Fachwerkhäusern aus dem 16. bis 18. Jh. Außer bei Nebel wunderschöne Sicht über den See auf die Alpen.
Oberuhldingen – Die Pfahlbauten des Freilichtmuseums gruppieren sich um ein altes ausgegrabenes Fischerdorf.
Reichenau – Die größte Bodenseeinsel ist besser bekannt für ihre Gemüsegärten als für ihre (belanglosen) Weine. Einer der wenigen abgelegenen Orte in dieser Gegend.
Salem – Eine halbstündige Fahrt von Meersburg führt zu dem früheren Zisterzienserkloster Salem. Der riesige Gebäudekomplex stammt größtenteils aus den Jahrzehnten nach der Zerstörung durch die Franzosen 1697. Heute Residenz des Markgrafen von Baden und Sitz eines exklusiven Internats.

VERANSTALTUNGEN

Bregenz, Österreich – Jedes Jahr finden in der Stadt jenseits der Grenze im Juli und August klassische Konzerte unter freiem Himmel direkt am Bodensee statt. Karten dafür lange im voraus bestellen.

EMPFOHLENE ERZEUGER

Aufricht
Weinkundeweg 8, 88709 Meersburg
Tel. 075 32/61 23
Robert und Manfred Aufricht erzeugen mit Hilfe von Herbert Senft, dem Kellermeister der Markgräflich Badischen Weingüter, saubere, fruchtige trockene Weiße, darunter einen klassischen Bodensee-Müller-Thurgau. Anmeldung erforderlich.

Thomas Geiger
Baitenhauser Straße 3a
88709 Meersburg-Riedetsweiler
Tel. 075 32/98 56
Spezialität: eleganter, lebhafter Spätburgunder Weißherbst (Pinot noir Rosé). Auch gute trockene Weiße. Anmeldung erforderlich.

Markgräflich Badische Weingüter (Bodensee)
Schloß Salem, 88682 Salem
Tel. 075 53/81 271
Kellermeister Herbert Senft ist auf diesem großen Gut für den lebendigen trockenen Müller-Thurgau und den eleganten Spätburgunder Rosé verantwortlich. Wochenends Anmeldung erforderlich.

Staatsweingut Meersburg
Seminarstraße 6, 88709 Meersburg
Tel. 075 32/356
In guter Form erzeugt das älteste deutsche Staatsweingut die besten Bodenseeweine; in letzter Zeit aber schwankende Leistungen. Anmeldung empfohlen.

MARKGRÄFLERLAND

HOTELS

Alte Post
An der B 3, 79379 Müllheim
Tel. 07631/5522
Angenehmes, kleines Hotel; feines Restaurant mit regionalen und vegetarischen Gerichten. Moderate Preise.

Villa Eden
Hünebergweg 26, 79539 Lörrach
Tel. 07621/2066
Kleines, ruhiges, komfortables Hotel in einem liebenswerten Park. Moderate Preise.

RESTAURANTS

Zum Hirschen
Hauptstraße 69, 79295 Sulzburg
Tel. 07634/8208
Hans-Paul Steiner kombiniert eine zart gewürzte Haute Cuisine mit den besten lokalen Zutaten. Teuer. Reservierung erforderlich.

Inzlinger Wasserschloß
Riehenstraße 5, 79594 Inzlingen
Tel. 07621/47057
Exzellente Fleischgerichte und gute Meeresfische. Ziemlich teures Essen; preiswerte Zimmer.

Stucki
Bruderholzallee 42, CH 4059 Basel
Tel. 0041/61/3618222
Hans Stuckis Küche zeichnet eine große Einfachheit und eine unübertreffliche Geschmacksreinheit aus. Käse-, Dessert- und Weinkarte phantastisch. Reservierung erforderlich.

La Vigna
Weinstraße 7, 79295 Laufen
Tel. 07634/8014
Exzellentes italienisches Restaurant mit dem puristischen Küchenchef Antonio Esposito.

Zum Adler
Hauptstraße 139
79576 Weil am Rhein
Tel. 07621/75055
Leichte, raffinierte Küche zu gemäßigten Preisen.

SEHENSWÜRDIGKEITEN

Badenweiler – Die Überreste der römischen Bäder im Kurpark von Badenweiler stammen aus dem 1. Jh. n. Chr.

Staufen – Die Stadt mit dem sehenswerten Renaissancerathaus und dem Marktbrunnen liegt dort, wo Münster- und Rheintal zusammentreffen.

Sulzburg – Die strenge romanische Cyriakskirche ist ein seltenes Zeugnis aus jener Epoche.

MARKGRÄFLERLAND

Die Höhen des Markgräflerlandes zwischen der deutsch-schweizerischen Grenze bei Basel und dem Südrand von Freiburg stellen eines der reizvollsten Gebiete Badens dar. Die Nähe zur Schweiz wirkt sich hier deutlich auf die Weinbautraditionen aus.

Die Gutedel-Traube (Chasselas) wurde 1780 aus der Schweiz eingeführt und bedeckt mittlerweile die Hälfte des hiesigen Anbaugebiets. Die in Deutschland übliche Verarbeitungsweise erbringt einen weitaus frischeren, klareren Wein als weiter südlich (die malolaktische Gärung macht die Schweizer Weißen weicher und weniger fruchtig als die deutschen). Ein gutgemachter Gutedel ist der ideale Sommerwein: leicht und lebhaft genug, um zu erfrischen, und doch nicht zu herb. Eine gelungene Version sollte einen leicht nussigen Charakter haben.

Die Reben an den Süd- und Ostflanken der Hügel wachsen normalerweise auf Kalksteinböden, die sich gut für die Pinot-Trauben – Weißburgunder, Grauburgunder und Spätburgunder – sowie für Chardonnay eignen, nicht aber für Riesling. Sie ergeben hier Weine mit mittelschwerem Körper und frisch-fruchtigem Aroma, die leichter geraten als jene vom Kaiserstuhl unmittelbar im Norden. Trotz ihrer 13,5 Grad Alkohol wirken sie selten schwer. Zwar bereitet man aus diesen Trauben viele gute Weiß-

Rechts: *Die Ruine einer vormals mächtigen, im 17. Jahrhundert zerstörten Burg über den Weinbergen von Staufen.*

Oben: *Ein Löwe, ein springender Hirsch und ein Füllhorn mit Reben schmücken das Aushängeschild eines Gästehauses in Staufen.*

und Rotweine, doch zeigen nur wenige die Konzentration, Kraft und Eleganz ihrer nordbadischen Verwandten.

Fährt man auf der Autobahn A 5 nördlich von Basel bis zur Ausfahrt Efringen-Kirchen und folgt dann den Schildern nach Idstein, kommt man zum Schloßgut Idstein, dem besten Weingut im Süden des Markgräflerlandes. Die Weinberge liegen hier weit verstreut zwischen Feldern und Obstgärten, und erst in der Umgebung von Schliengen zwölf Kilometer weiter nördlich (auf der kleinen Straße neben der Autobahn) beherrschen die Reben das Landschaftsbild. Hier ist die Heimat des Gutes Blankenhorn; im benachbarten Mauchen ist Lämmlin-Schindler, der aufsteigende Weinstar des Markgräflerlandes, zu Hause. Ein paar Kilometer nördlich liegt die reizvolle alte Stadt Müllheim und das bekannte Gut Hermann Dörflinger, das sich heute mit den Konkurrenten von der Genossenschaft im Müllheimer Vorort Britzingen und mit Hartmut Schlumberger in Laufen auseinandersetzen muß.

Staufen kann sich zwar keines bedeutenden Weinerzeugers rühmen, ist aber eine der schönsten Kleinstädte der Region. Unterhalb der Schloßruine steht eine Reihe schöner Fachwerkhäuser, das imposante Renaissancerathaus und das Gasthaus zum Löwen aus dem 18. Jahrhundert. Der Erzählung nach soll hier Faust, dessen Lebensgeschichte Goethe als Grundlage für seine Tragödie diente, seine alchemistischen Experimente zur Goldherstellung durchgeführt haben. Nicht nur, daß sie erfolglos verliefen, sie kosteten ihn auch das Leben: Der letzte Versuch endete mit einer tödlichen Explosion.

EMPFOHLENE ERZEUGER

Blankenhorn
Basler Straße 2, 79418 Schliengen
Tel. 07635/1092
Die sauberen trockenen Weiß- und Rotweine der resoluten Rosemarie Blankenhorn sind beachtenswert. Wochenends Anmeldung erforderlich.

Winzergenossenschaft Britzingen
Markgräfler Straße 25
79379 Britzingen
Tel. 07631/4011
Elegante trockene Weiß- und Grauburgunder. Abzuraten ist von den bizarren, in neuer Eiche gereiften Dessertweinen. Samstag nachmittags und sonntags geschlossen.

Hermann Dörflinger
Mühlenstraße 7, 79379 Müllheim
Tel. 07631/2207
Einige der besten Gutedel im Markgräflerland und eine Reihe von anderen guten trockenen Weißen. Altmodische Rote. Anmeldung empfohlen. Sonntags geschlossen.

Lämmlin-Schindler
Müllheimer Str. 4, 79418 Mauchen
Tel. 07635/440
Höchst feine und elegante trockene Weiße und Rote aus organischem Anbau. Herausragender Weißburgunder. Wochenends Anmeldung erforderlich.

Schloßgut Idstein
Im Schloß, 79588 Idstein
Tel. 07628/1284
Saubere, moderne trockene Gutedel und Weißburgunder. Die fruchtigen Spätburgunder müssen jung getrunken werden. Wochenends Anmeldung erforderlich.

Hartmut Schlumberger
Weinstraße 19, 79295 Laufen
Tel. 07634/8992
Am besten bekannt für trockene Weißburgunder; Scheurebe, natursüßer Gewürztraminer und Obstschnäpse ebenfalls gut. Wochenends Anmeldung erforderlich.

BADEN

Selestat
LIMBURG
ROTE HALDE
Limberg
LÜTZELBERG
SCHEIBENBUCK
Sasbach
Königschaffhausen
HASENBERG/STEINGRÜBLE
Endingen
Riegel
ST MICHAELSBERG
Riedhöfe
SCHEIBENBUCK
HASENBERG
STEINGRÜBLE
STEINHALDE
ENGELSBERG
208
Amoltern
Leiselheim
EICHERT
GESTÜHL
ÖLBERG
TANNACKER
STEINGRUBE
SILBERBERG
Bahlingen
Jechtingen
HOCHBERG
Kiechlinsbergen
TEUFELSBURG
Katharinenberg
492
Silberbrunnen
Sponeck
STEINGRUBE
ENSELBERG
Kaiserstuhl
SILBERBERG
Haberberg
290
ROSENKRANZ
KIRCHBERG
HERRENBUCK
SCHLOSSGARTEN
FEUERBERG
ENSELBERG
BASSGEIGE
Burkheim
STEINBUCK
Bischoffingen
Schelingen
SCHLOSSBERG
Vogtsburg im Kaiserstuhl
HENKENBERG
PULVERBUCK
Eichstetten
188
FEUERBERG
EICHBERG
Oberbergen
Vogtsburg
520
Henkenberg
Oberrotweil
BASSGEIGE
Eichelsp
Niederrotweil
LERCHENBERG
HERRENSTÜCK
KIRCHBERG
HENKENBERG
LASENBERG
557
Totenkopf
KÄSLEBERG
Jägerhof
Bickensohl
ECKBERG
Schlossberg
352
SCHLOSSBERG
STEINFELSEN
Oberschaffhausen
Krebsbach
Achkarren
Bötzingen
Liliental
CASTELLBERG
SCHLOSSBERG
432
LÖTZBERG
Riedkanal
Blankenhornsberg
Sauwasen
340
Gottenheim
FOHRENBERG
KREUZHALDE
Wasenweiler
DOKTORGARTEN
Batzenhäusle
WINKLERBERG
Rhein
AUGUSTINERBERG
Breisach am Rhein
Ihringen
Dachswangen
Mühlenbach
KIRCHBERG
193
Bad
249
Im Galgenwinkel
Waltershofen
ECKARTSBERG
Merdingen
STEINMAUER
Colmar
192
Hochstetten
Gündlingen
St Nikolaus
Kalkwerk
Tuniberg
BÜHL
SONNENBERG
31
Opfingen
Rothaus
Grand - Canal - d'Alsace
270
ROTGRUND
SONNENBERG
Niederrimsingen
REBTAL
Tiengen
A5
FRANZISKANER
Freiburg im Breisgau
Oberrimsingen
KAPELLENBERG
Munzingen
314
N
1:111 000
Km 0 2
Mile 0 1
Grezhausen
ALEMANNENBUCK
Möhlin
Hausen an der Möhlin
Basel
Bad Krozingen
Karlsruhe
Alte Dreisam

Kaiserstuhl und Tuniberg

EICHBERG Einzellage
Lage Klasse I
Sonstige Rebflächen
Wald
Höhenlinien im 50-Meter-Abstand
Weinstraße

Unten: *Traubenpflücker bei der Arbeit an den Hängen des Kaiserstuhls nahe Vogtsburg, während noch die Morgennebel über dem Weinberg hängen.*

KAISERSTUHL UND TUNIBERG

Kommt das Gespräch auf badische Weine, fällt den meisten spontan der Kaiserstühler ein. Das hat durchaus seinen Grund: Rund um den Kaiserstuhl liegen nicht nur die imposantesten Weinberge der Region, hier wächst auch ein großer Teil der besten Tropfen. Der Slogan aus der badischen Weinwerbung – «Von der Sonne verwöhnt» – trifft voll und ganz auf die hiesigen Weinberge zu. Selbst wenn im Sommer in der Umgebung des Kaiserstuhls Stürme toben und Regen niederprasselt, liegen seine Weinberge in sonnenbeschienener Ruhe da.

Der erloschene Vulkan, der vor 30 Millionen Jahren noch Lava und Feuerglut in den Rheingraben spuckte, hat mittlerweile zwar einiges an Höhe eingebüßt, thront aber immer noch wahrhaft kaiserlich über dem Land und ist sogar vom Elsaß auf der anderen Rheinseite her zu sehen. Die bestens ausgerichteten Hänge auf der Südwestseite gehören zu den steilsten Weinbergen im Süden Deutschlands, und das Mikroklima ist hier wärmer als sonstwo. Die Verbindung mit den vulkanischen Tuffsteinböden ergibt das Rezept für die beliebten, international geschätzten trockenen Weißweine, die voll und stark, andererseits aber sanft und seidig durch die Kehle rinnen.

KAISERSTUHL UND TUNIBERG

HOTELS

Am Münster
Münsterbergstr. 23
79206 Breisach
Tel. 07667/8380
Komfortables, modernes Hotel im Stadtzentrum mit wundervollem Blick über die Rheinebene. Moderate Preise.

Schwarzer Adler
Siehe Empfohlene Erzeuger

Hotel-Restaurant Stube
Siehe Restaurants

RESTAURANTS

Schwarzer Adler
Siehe Empfohlene Erzeuger

Hotel-Restaurant Stube
Winterstraße 28
79346 Kiechlinsbergen
Tel. 07642/1786
Leichte, klassische Küche, gute Weinkarte und ein paar sehr freundliche Zimmer. Ansprechende Preise.

SEHENSWÜRDIGKEITEN

Breisach – Vor den Festungsanlagen der Römer stand hier ein keltischer Stützpunkt. Es gibt ein beeindruckendes Münster aus dem 13.-14. Jh. Der Weg hinauf zur Altstadt rentiert sich schon wegen des Blicks auf den Rhein und den Kaiserstuhl.

Burkheim – Idyllisches Weinstädtchen mit einem herrlichen Wachhaus und vielen schönen alten Häusern. Sehenswert die Ruine des Schwendi-Schlosses.

Endingen – Es gibt hier das spätgotische Rathaus und den Marktbrunnen, das Renaissancekornhaus, das Neue Rathaus aus dem 18. Jh. und viele schöne Häuser aus dem 17. und 18. Jh. in den Straßen rund um den Marktplatz.

VERANSTALTUNG

Ihringen – Die bekannten «Weintage» Anfang Juni in der Hauptstraße sind ein kaum zu überbietendes Ereignis dieser Art.

EMPFOHLENE ERZEUGER

Winzergenossenschaft Achkarren
Schloßbergstraße 2
79235 Achkarren
Tel. 07662/93040
Einem altmodischen Stil verpflichtet, hält die Genossenschaft mit ihren reichen trockenen Grauburgundern und den frischen Muskatellern einen hohen Standard. Samstag nachmittags und sonntags geschlossen.

Die meisten Reben gedeihen hier auf Löß, der vor Zehntausenden von Jahren als gelblicher Staub aus Zentralasien herübergeweht wurde. Meterdicke Schichten davon sind sichtbar, wo im Zuge der Flurbereinigung oder der Weinbergumgestaltung in den siebziger und achtziger Jahren große Terrassen in die Bergflanken gefräst wurden.

Unabhängig vom Boden stellt die Pinot-Familie gut zwei Drittel aller Rebreserven. Der Silvaner bildet zwar gemeinhin die traditionelle Grundlage der Gebrauchsweine, doch mit guten Weiß- oder Grauburgundern vermag er sich nicht zu messen.

Nirgendwo in Deutschland hat die «rote Revolution» in den letzten Jahren stärker eingeschlagen als in der Kaiserstuhl- und Tuniberg-Region. Die ersten Experimente mit dem Ausbau von Spätburgunder-Roten (Pinot noir) in neuen Eichenfässern verliefen noch katastrophal, doch die führenden Winzer lernten sehr schnell aus ihren Fehlern. Mittlerweile schicken Bercher, Dr. Heger und Karl Heinz Johner rote Spätburgunder ins Rennen, die dem Vergleich mit Village- oder leichten Premier-cru-Weinen aus der Burgunder Côte d'Or ohne weiteres standhalten.

Und eine Handvoll anderer Winzer steht ihnen kaum nach. Der französische Master of Wine, Olivier Humbrecht von der elsässischen Domaine Zind-Humbrecht, beschrieb die Weine kürzlich als «eindrucksvoller als die Pinot noir aus Oregon, die soviel Aufsehen erregt haben».

Der Kaiserstuhl ist am besten über die Autobahn A 5, Ausfahrt Riegel hinter Freiburg, zu erreichen. Fahren Sie nach Endingen, wo das erst 1981 gegründete Gut von Reinhold und Cornelia Schneider die besten Weine auf dieser Seite des Kaiserstuhls macht. Die Winzergenossenschaft in der nächsten Ortschaft Königschaffhausen hat einen exzellenten Ruf für seine kraftvollen, eichenwürzigen Spätburgunder-Roten und seine rauchigen trockenen Grauburgunder. Ihr Hauptkonkurrent unter den hiesigen Genossenschaften sitzt in Sasbach, wo er einen opulenten trockenen Weißburgunder und einen reichen, seidigen Spätburgunder aus dem vulkanischen Boden des Limbergs holt. Auf dem Gipfel des Limbergs steht die Burgruine Sponeck aus dem 13. Jahrhundert, die man in den zwanziger Jahren des 20. Jahrhunderts restauriert hat – leider ohne Berücksichtigung des historischen Vorbilds.

Bercher
Mittelstadt 13
79235 Burkheim
Tel. 07662/212
Die Glanzpunkte im Sortiment von Rainer und Eckhardt Bercher sind die reichen trockenen Weiß- und Grauburgunder, die besten Kaiserstühler Rieslinge und Muskateller und die kraftvollen, seidigen Spätburgunder-Roten. Anmeldung erforderlich.

Winzergenossenschaft Bötzingen
Hauptstraße 13
79268 Bötzingen
Tel. 07663/93060
Die Genossenschaft produziert durchweg saftig-fruchtigen trockenen Weißburgunder. Samstag nachmittags und sonntags geschlossen.

Dr. Heger
Bachenstraße 19
79241 Ihringen
Tel. 07668/205
Joachim Heger erzeugt wahrscheinlich den besten trockenen Grauburgunder Deutschlands. Seine roten Spätburgunder brauchen Zeit zur Entwicklung, sind aber bemerkenswert konzentriert. Sehr gut auch Weißburgunder, Chardonnay und Muskateller. Anmeldung erforderlich.

Karl Heinz Johner
Gartenstraße 20
79235 Bischoffingen
Tel. 07662/6041
Karl Heinz Johners verführerisch duftende, seidige Spätburgunder-Rote und volle, aber genau ausgewogene Weißburgunder sind richtungsweisend für in neuer Eiche gereifte Weine. Seine Spitzenprodukte werden als «SJ» Reserve verkauft. Anmeldung erforderlich.

Oben: *Rote und weiße Weine reifen in dem geräumigen Barriquekeller von Dr. Heger in Ihringen.*

Links: *Terrassenweinberge am Kaiserstuhl über Oberbergen.*

Kalkbödele
Enggasse 21, 79291 Merdingen
Tel. 07668/71 11 13
Tobias Burtsche führt das beste Gut von Tuniberg. Gute Spätburgunder, weniger interessante trockene Weiße. Wochenends Anmeldung erforderlich.

Winzergenossenschaft Königschaffhausen
Kiechlinsberger Straße 2
79346 Königschaffhausen
Tel. 07642/1003
Mit Hilfe von Kellermeister Helmut Staiblin produziert Direktor Willi Merkle starke Spätburgunder-Rote in neuer Eiche und trockene Grauburgunder-Weiße. Auch gute Auslesen, Beerenauslesen und Eiswein-Dessertweine. Samstag nachmittags und sonntags geschlossen.

Gebrüder Müller
Richard-Müller-Straße 5
79206 Breisach
Tel. 07667/511
1990 baute Peter Bercher, der Bruder der Berchers aus Burkheim, neue Kelleranlagen und verpflichtete mit Joachim Lang einen neuen Kellermeister. Die Qualität verbesserte sich stetig. Gute Rote aus Spätburgunder und Cabernet Sauvignon/Merlot. Anmeldung empfohlen.

Salwey
Hauptstraße 2, 79235 Oberrotweil
Tel. 07662/384
Wolf-Dietrich Salwey erzeugt ein weites Spektrum an feinen Weißweinen (u. a. exzellenten Ruländer vom Oberrotweiler Eichberg), einen superben Rosé aus dem Breisgau, interessante Rote und eine riesige Auswahl an Obstschnäpsen. Anmeldung empfohlen; sonntags geschlossen.

Winzergenossenschaft Sasbach
Jechtinger Straße 26, 79361 Sasbach
Tel. 07642/1044
Die Qualität kann hier schwanken, doch die Genossenschaft ist zu Recht berühmt für ihren opulenten trockenen Weißburgunder und die geschmeidigen Spätburgunder. Samstag nachmittags und sonntags geschlossen.

Reinhold und Cornelia Schneider
Königschaffhauser Straße 2
79346 Endingen
Tel. 07642/5278
Seit 1982 haben die Schneiders einen guten Ruf für ihre frischen trockenen Weiß- und Grauburgunder und für den Müller-Thurgau. Anmeldung erforderlich; sonntags geschlossen.

Franz Keller/Schwarzer Adler
Badbergstraße 23, 79235 Oberbergen
Tel. 07662/93300
Franz Keller leitet nicht nur das Familienweingut, sondern auch sein Weinimportunternehmen sowie das Restaurant und Hotel Schwarzer Adler. Am besten aus seiner eigenen

Die besten Weine aus Sasbach kommen wahrscheinlich vom Gut Bercher nahe Burkheim, das von jeder hier wachsenden Traubensorte begeisternde Tropfen herauspreßt. Von allen Weinorten um den Kaiserstuhl hat Burkheim die reichhaltigste Geschichte: Das Zentrum sieht aus, als ob sich hier seit zwei Jahrhunderten nichts verändert hätte. Autos müssen allerdings vor den beeindrukkenden Stadttoren parken. Von hier hat man wohl den besten Blick auf den Gipfel des Kaiserstuhls, den Totenkopf, der, gekrönt von einem Funkturm, der Landschaft ein leicht bedrohliches Aussehen gibt.

In ein paar Minuten ist man nun in Bischoffingen, wo Karl Heinz Johner, Badens Altmeister mit dem neuen Eichenfaß, Weiß- und Rotweine keltert. Seine futuristische Kellerei macht den Eindruck, als sei sie dem Kalifornien des 21. Jahrhunderts entsprungen. Wenn man bedenkt, daß Johner noch vor ein paar Jahren seine Weine in Garagengebäuden herstellte ...

Ein weiterer Kurzausflug bringt Sie nach Oberrotweil, der Heimat eines anderen Alleskönners, Wolf-Dietrich Salwey, der neben feinen Weiß-, Rosé- und Rotweinen wundervolle Obstschnäpse herstellt. Gleich um die Ecke liegt die eindrucksvolle Residenz des Freiherrn von Gleichenstein, Besitzer eines der größten Güter in der Gegend. Leider halten die Weine nicht ganz, was das Haus, die fast 500 Jahre alten Keller und die ummauerten Gärten versprechen.

Die Anfahrt nach Oberbergen hinauf sollten Sie sich nicht schenken. Nicht allein wegen der malerischen Lage des kleinen Ortes zwischen den terrassierten Weinbergen, auch nicht nur wegen des exzellenten Weinguts der Familie Keller, sondern letztlich wegen deren Restaurant Schwarzer Adler, dem besten in Baden. Nach einer Pause, in der Sie möglichst viele der kulinarischen Köstlichkeiten versuchen sollten, können Sie zum Kaiserstuhl hinauf- und auf der anderen Seite wieder durch Wälder und Weinberge nach Bötzingen hinunterfahren, der bedeu-

tendsten Weinbaugemeinde an der Ostflanke des Berges. Bötzingens dynamische Genossenschaft ist besonders für ihren saftigen Weißburgunder bekannt. Sollte Ihre Zeit aber begrenzt sein, nehmen Sie die Straße zurück nach Oberrotweil, und fahren Sie am Fuß des Kaiserstuhls nach Achkarren mit seiner Genossenschaft und ihren reichen Weinen alten Stils.

Wohl das spannendste Ziel Ihrer Tour ist Ihringen mit dem hochaufragenden, von Pfeilern gestützten Winklerberg, vielleicht dem besten Weinberg am Kaiserstuhl überhaupt. Sein vulkanischer Boden liefert stark mineralische trockene Weiß- und Grauburgunder. Die führenden Erzeuger dieser Weine sind die Güter Dr. Heger und Stigler. Joachim Heger produziert auch einige sehr konzentrierte Spätburgunder-Rote am Winklerberg sowie eine bestimmte Menge Rotwein am Tuniberg (Verkauf unter dem Zweitetikett), der nur fünf Kilometer von Ihringen entfernt ist. Hier liegen die besten Lagen am Kapellenberg von Münzingen, in der Südwestecke wie am Kaiserstuhl auch.

Oben und links: *An den Hängen des Kaiserstuhls wurden vielerorts große Terrassen für die Weinberge angelegt.*

Produktion sind die Weißburgunder aus neuer Eiche, v. a. die «S»-Abfüllungen, und die roten Spätburgunder. Für die Wochenend-Weinproben Anmeldung erforderlich. Gute Weinpreise im Restaurant. Das erstklassige Essen ist eine Mischung aus klassischer französischer und regionaler Küche.

Stigler
Bachenstraße 29, 79241 Ihringen
Tel. 07668/297
Die traditionellen trockenen Weiß- und Grauburgunder der Familie Stigler und ihr Spätburgunder-Weißherbst aus der großartigen Ihringer Lage Winkelberg brauchen Zeit zur Entwicklung. Auch guter «Blanc-de-Noirs»-Sekt. Anmeldung erforderlich.

FREIBURG IM BREISGAU

HOTELS

Hotel-Restaurant Colombi
Siehe Restaurants.
Markgräfler Hof
Siehe Restaurants.

RESTAURANTS

Hotel-Restaurant Colombi
Restaurant Hans-Thoma-Stube
Am Colombi-Park, 79098 Freiburg
Tel. 0761/21060
Direktor Roland Burtsche und Küchenchef Alfred Klink haben hier einen Platz für stilvolles Essen geschaffen. Sowohl die internationale Küche (im Colombi) als auch die regionalen Gerichte (in der Hans-Thoma-Stube) sind hervorragend. Das Hotel genügt höchsten internationalen Ansprüchen bei entsprechenden Preisen.

FREIBURG IM BREISGAU

Freiburg, eine der schönsten Städte in Baden, bietet sich als Ausgangspunkt einer Reise durch den Süden der Region an. Seine Lage zwischen dem Kaiserstuhl und den Höhen des Breisgaus, wo das Höllental in das Rheintal übergeht, könnte kaum idyllischer sein. Nach seiner Zerstörung im Jahre 1944 wurde es in einem Zeitraum von insgesamt 30 Jahren mit viel Liebe zum Detail restauriert und wiederaufgebaut.

Eines der wenigen Bauwerke, die der Zerstörung entgangen sind, ist das berühmte Freiburger Münster. Obgleich nicht so groß und imposant wie die Münster in Straßburg oder Basel, stellt es dennoch ein Meisterwerk deutscher Gotik dar. Vier Jahrhunderte zog sich sein Bau hin, der kurz nach der Gründung der Stadt Anfang des 12. Jahrhunderts in Angriff genommen wurde. Auf 200 000 Einwohner ist Freiburg in den letzten eineinhalb Jahrhunderten angewachsen, doch die schlanke Turmspitze überragt die Häuser noch immer so wie zur Zeit seiner Fertigstellung im Jahre 1320.

Doch nicht so sehr das Münster oder andere schöne alte Gebäude in den umliegenden Straßen schaffen die besondere Atmosphäre Freiburgs. Die Architektur liefert vielmehr den Rahmen für das pulsierende Leben der Stadt, das Sie am stärksten an einem Werktagmorgen auf dem Markt am Münsterplatz erspüren können, einem Treffpunkt von Einheimischen und Universitätsstudenten.

Unten: *Die bunt gedeckten Wachtürme des alten Kaufhauses, das heute von der städtischen Verwaltung genutzt wird. Die gotische Fassade ist mit Statuen der Habsburger Kaiser geschmückt.*

Unter Umständen treffen Sie dort einen der Honoratioren der Stadt an einem Stand mit Sonderangeboten. Die Badenser haben ein heiteres Gemüt, und sie schätzen die guten Dinge im Leben, die französische *joie de vivre* liegt ihnen sehr nahe. Kaufleute und Intellektuelle, Käufer und Besucher begegnen sich in kosmopolitischer Liberalität. Beim Bummel durch die engen Straßen der Altstadt (ein verführerischer Ort für Kauflustige) stoßen Sie sicher auf

Eichhalde
Stadtstraße 91, 79104 Freiburg-Herdern
Tel. 0761/54817
In Matthias Dahlingers kleinem, beliebtem Restaurant am Stadtrand bekommt man etwas für sein Geld.

Hotel-Restaurant Markgräfler Hof
Gerberau 22, 79098 Freiburg
Tel. 0761/32540
Hans-Leo Kempchens kreative internationale Küche verwendet die besten, meist lokalen Zutaten der Saison. Die Weinkarte mit hervorragender Auswahl an badischen und Bordeaux-Weinen lockt Kunden aus ganz Deutschland und darüber hinaus an. Einfache, freundliche Hotelzimmer zu ebenso vernünftigen Preisen wie Wein und Essen.

SEHENSWÜRDIGKEITEN

Emmendingen – Die majestätisch aufragende Hochburg aus dem 11. Jh. ist die größte Burgruine in Südbaden.

Freiburger Museen
– **Augustinermuseum**, Augustinerplatz. Große Sammlung von Kunst- und Handwerksobjekten des Mittelalters.
– **Museum für Ur- und Frühgeschichte**, Colombi-Schlössle. Archäologische Funde in einem Prachthaus aus der Mitte des 19. Jhs.
– **Museum für Neue Kunst**, Marienstraße. Schöne Sammlung moderner Kunst; Schwerpunkt auf Deutschland seit 1920.

Glottertal – Das schöne Tal, das sich nördlich von Freiburg in den Schwarzwald hinaufzieht, bietet ein wundervoll gelegenes Schwimmbad im Freien.

Oben: *Der Turm an der Westseite des Münsters ist einer der wenigen Kirchtürme des Landes, die im Mittelalter vollkommen fertiggestellt worden waren. Von dem ursprünglichen romanischen Bauwerk (Baubeginn um 1200) stehen nur noch das Querschiff mit den beiden seitlichen Türmen.*

Links: *Der Münsterplatz mit seinen weltlichen und kirchlichen Prachtbauten erwacht beim werktäglichen Markt zu lautem, geschäftigem Leben.*

EMPFOHLENE ERZEUGER

Dr. Heeger
Siehe Empfohlene Erzeuger (Kaiserstuhl und Tuniberg).

Bernhard Huber
Heimbacher Weg 19, 79364 Malterdingen, Tel. 07644/1200
Einer der strahlendsten neuen Sterne unter Badens Winzern. Bernhard Hubers komplexe, konzentrierte rote Spätburgunder sind ein Klasse für sich. Und auch seine reichen trockenen Weiß- und Grauburgunder sowie der Chardonnay haben einen Sprung nach vorne getan. Anmeldung unbedingt erforderlich.

Salwey
Siehe Empfohlene Erzeuger (Kaiserstuhl und Tuniberg).

Stigler
Siehe Empfohlene Erzeuger (Kaiserstuhl und Tuniberg).

Touristen, die aber irgendwie in die Geschäftigkeit der Stadt aufgenommen werden, so viele es auch sein mögen.

Zu Freiburgs architektonischen Glanzpunkten zählen das Renaissancekaufhaus auf dem Münsterplatz, das Alte Rathaus sowie das Martins- und das Schwabentor.

Das Augustinermuseum mit seiner Sammlung von Gemälden und Skulpturen aus dem Mittelalter und die Ausstellung von keltischen Gebrauchsgegenständen im Museum für Ur- und Frühgeschichte sind ebenso wie eine der vielen guten Weinstuben und Gaststätten der Stadt einen Besuch wert.

Das Restaurant im Hotel Colombi zählt mit zu den feinsten Badens, doch weil auch die Einheimischen und die vielen Studenten gutes Essen zu schätzen wissen, brauchen Sie kein Vermögen dafür auszugeben.

Freiburg ist nicht gerade als Weinstadt berühmt, dennoch besitzt es mit dem Schloßberg einen der schönsten Weinberge im Breisgau. Zu seinem höchsten Punkt führt vom Stadtgarten aus eine Kabinenseilbahn hinauf.

Der Breisgau weist vielleicht von allen badischen Weinbezirken noch das unklarste önologische Profil auf.

Bis vor kurzem wurden seine einzigen wirklich guten Weine von Gütern außerhalb des Breisgaus hergestellt: die renommierten Rieslinge und Rivaner des Freiburger Schloßbergs von Stigler in Ihringen und die filigranen trockenen Spätburgunder-Rosés aus dem Glottertal von Wolf-Dietrich Salwey. Die beiden Kaiserstuhl-Produzenten haben natürlich trotz der erfolgreichen Vermarktung wenig zur Werbung für den Breisgau beigetragen.

Doch die Situation hat sich seit neuestem etwas geändert. 1987 hat Bernhard Huber aus Malterdingen (siehe Karte S. 36/37, B6) die örtliche Genossenschaft verlassen und sich mit seinen mächtigen Spätburgunder-Roten und den Weißen in neuer Eiche als badischer Starwinzer neben den führenden Gütern des Kaiserstuhls und der Ortenau etabliert. Ein Indiz dafür, daß sich die Leistung eines einzelnen Erzeugers durchaus auf den Standard eines Weinbaugebiets auswirken kann.

Weil selbständige Produzenten fehlten und die lokale Genossenschaft nicht aktiv wurde, lag das Potential der hiesigen Weinberge brach. Mittlerweile erwarb Huber Land in der berühmten Lage Schloßberg von Hecklingen direkt unterhalb der Burgruine Lichteneck. Das könnte eine neue Ära für den Weinbau im Breisgau einläuten.

Oben: *Der friedliche Dorfplatz im badischen Auggen.*

Links: *Die frühe Morgensonne über den grünen Hängen eines kleinen Bauernhofs im Glottertal.*

Unten: *Der achteckige Glockenturm des Münsters wird von einem feingliedrigen Maßwerkhelm aus Stein gekrönt.*

SCHWARZWALD

HOTELS

Hotel und Restaurant Bareiss
Gärtenbühlweg 14
72270 Baiersbronn-Mitteltal
Tel. 07442/470
Das erstklassige Kurhotel von Hermann Bareiss ist unter sportlichen Gesichtspunkten bestens ausgerüstet für Leute, die dem guten Wein und Essen allzusehr zugesprochen haben. Einfachheit und geschmackliche Klarheit sind die Prinzipien von Küchenchef Claus-Peter Lumpp im Restaurant Bareiss. In den Dorfstuben und der Kaminstube bekommt man Peter Müllers ländliche, aber qualitätvolle Gerichte.

Schloßhotel Bühlerhöhe/ Restaurant Imperial
Schwarzwaldhochstraße 1, 77652 Bühl
Tel. 07226/55100
Für 150 Millionen DM verwandelte Max Grundig das Schloß in ein Luxushotel. Die Architektur, der Park und die herrliche Talsicht sind so beeindruckend wie die Preise. Wolfgang Müllers raffinierte Kochkunst lohnt allein schon einen Umweg hierher.

Spielweg
Spielweg 61, 79244 Obermünstertal
Tel. 07636/7090
Dieses familiengeführte, preiswerte Hotel liegt eine halbe Stunde Fahrt von Freiburg hoch im Schwarzwald. Die regionalen Gerichte von Karl-Josef Fuchs sind so schmackhaft wie die Bedienung hervorragend. Innen und außen Schwimmbecken, Tennisplätze usw.

Hotel Traube-Tonbach
Tonbachstraße 237
72270 Baiersbronn-Tonbach
Tel. 07442/4920
Das Luxuskurhotel mit den relativ preiswerten Zimmern bietet jeglichen Komfort. Die geschmackreichen, exakt ausgewogenen Kreationen des Perfektionisten Harald Wohlfahrt in der Schwarzwaldstube sind vom Feinsten. Tische für das Abendessen müssen Wochen im voraus bestellt werden, auch mittags ist eine Reservierung erforderlich. Der Standard der Köhlerstube ist ebenfalls hoch, die Küche weniger gehoben. In der Bauernstube serviert man ausgezeichnete regionale Gerichte.

SCHWARZWALD

Viele Besucher Badens kommen wegen des Weins, andere wegen der guten Küche. (Nur die Sachertorte und der Apfelstrudel aus Wien erreichten einen ähnlichen Beliebtheitsgrad bei den Kuchenschlemmern wie die Schwarzwälder Kirschtorte.) Die meisten Touristen aber wollen die Naturschönheit des Schwarzwaldes genießen.

Die bewaldete Bergkette zieht sich von der deutsch-schweizerischen Rheingrenze bis nach Karlsruhe. Am schönsten sieht der Schwarzwald im Frühjahr aus, wenn an den tiefergelegenen Hängen die Kirschen blühen und die Gipfel noch in Schnee gehüllt sind.

Trotz der Attraktivität des Schwarzwalds im In- und Ausland sind nur ein paar der bekanntesten Städte und Dörfer überlaufen. Das wohlhabende und luxuriöse Baden-Baden zum Beispiel hält den Massentourismus durch fürchterlich teuere Preise fern.

Die höchsten Gipfel und die faszinierendste Landschaft findet man südlich und östlich Freiburgs, von wo sie auch am besten zu erreichen sind. Man nimmt die B 31 durch das Höllental nach Titisee, ein schier unbegreiflich schöner, von Bergen umgebener Schwarzwaldort am Ufer eines kleinen Sees. Von hier ist es nur eine kurze Fahrt auf der B 500 zum Schluchsee, dem größten See des Gebirges, oder am Feldberg und Bellchen vorbei (die

Rechts und ganz rechts: *Auch am dichtbewaldeten Titisee kümmert man sich stets um das leibliche Wohl der Gäste.*

Oben: *Die tieferen Hänge des Schwarzwalds schützen die Weinberge des Weinbauversuchsgutes Schloß Ortenberg vor den kalten Ostwinden.*

B 500 weiter nach Bärenthal, dann die B 317 in Richtung Schopfheim/Basel). Die Sicht von diesen beiden Bergen ist einfach phantastisch. Wenn Sie Geduld und einen starken Wagen haben, können Sie den Gipfel des Bellchens auch über eine Straße mit gut hundert Kurven erreichen.

Ein anderer Höhepunkt des Schwarzwalds ist der gastronomische Gipfel, auf dem der Kurort Baiersbronn östlich von Offenburg thront. Am schnellsten gelangt man dorthin, wenn man die Autobahn A 5 bei der Ausfahrt Appenweier nördlich von Offenburg verläßt und die B 28 in östlicher Richtung nach Freudenstadt nimmt. Dann sind es noch sieben Kilometer auf der B 462. Wenn Sie auch noch einen Blick auf die herrliche Gegend werfen wollen, brauchen Sie dafür mindestens eine Stunde. Noch spektakulärer sind die Aussichten von der kurvenreichen Schwarzwaldhochstraße (B 500), die von Baden-Baden ausgeht (zwei Stunden Fahrt).

Baiersbronn besteht aus einer Ansammlung von Dörfern im Murgtal. Hier haben Sie eine reiche Auswahl an Erste-Klasse-Hotels und -Restaurants. Selbst in Lokalen eine Klasse darunter, so im Hotel Traube in Tonbach oder im Hotel Bareiss in Mitteltal, erwartet Sie ein gastronomisches Erlebnis, das die besten deutschen Restaurants in den Schatten stellt. Auch die Spitzenhotels Baiersbronns gehören zu den feinsten im Land: Ausstattung und Komfort lohnen jeden Umweg. Natürlich hat das alles seinen Preis.

RESTAURANTS

Bareiss
Siehe Hotels.

Dorfstuben/Kaminstube
Siehe Hotels: Bareiss.

Imperial
Siehe Hotels: Schloßhotel Bühlerhöhe.

Köhlerstube/Bauernstube
Siehe Hotels: Traube-Tonbach.

Schwarzwaldstube
Siehe Hotels: Traube-Tonbach.

Spielweg
Siehe Hotels.

SEHENSWÜRDIGKEITEN

St. Blasien – Die Klosterkirche dieses Städtchens hoch im Schwarzwald ist ein Meisterwerk des frühen Neoklassizismus.

Titisee – An dem hübschen Moränensee laufen verschieden Touristenrouten zusammen.

Wolfach – Schloß Wolfach aus dem 17. Jh. und die Kapelle aus dem 13. Jh. sind beeindruckend.

Zell – Der Lange Turm aus dem 15. Jh. ist das größte Überbleibsel der alten Verteidigungsanlagen. In der Stadtmitte stehen viele Gebäude aus dem 17. und 18. Jh.

Bühl
Kehl, Strasbourg
Zusenhofen
Appenweier
176
28
3
Nussbach
Weierhof
Neuberg
Herztal
198
Weilerhof
Stückhof
Hirnebach
Nesselried
Wannenbach
RENCHTÄLER
Rappenloch
Rohrbach
Kernenhof
Bottenau
Windschläg
Durbach
Breitfeld
201
RENCHTÄLER
Kohlstatt
SCHLOSSBERG
286
Illental
337
Herbstkopf
Ebersweier
Wiedergrün
RENCHTÄLER
PLAUELRAIN
Hartwald
Stöcken
JOSEPHSBERG
Staufenberg
326
Hespengrund
Bohlsbach
164
SCHLOSSBERG
Im Weiler
183
Hilsbach
STEINBERG
Langenbosch
PLAUELRAIN
ÖLBERG
Tal
Stollenberg
Etzleskopf
349
Stürzelbach
Unterweiler
SCHLOSS GROHL
KAPELLENBERG
PLAUELRAIN
Standortübungsplatz
Halbgütle
Oberweiler
155
Durbach
Hatsbach
SCHLOSSBERG
Rammersweier
Vollmersbach
Sendelbach
Rittergut
Obertal
Strasbourg
KOCHBERG
KREUZBERG
235
ABTSBERG
Dünberg
250
Weierbach
Brand
ABTSBERG
ABTSBERG
515
Lautenbach
KREUZBERG
Zell
567
Hasengrund
Eschholzkopf
551
ABTSBERG
BERGLE
Weingarten
ABTSBERG
FREUDENTAL
Riedle
Riesshof
193
Brandeckkopf
690
Fessenbach
Albersbach
BERGLE
Talbächle
KIRCHHERRENBERG
FREUDENTAL
Käfersberg
Maisenhalderhof
364
Offenburg
FREUDENTAL
Fröschlach
FRANZENSBERGER
Hohes Horn
546
513
156
ANDREASBERG
Steingrube
Hinterohlsbach
Ortenberg
Riesenwald
FREUDENTAL
Ohlsbach
Meisengrund
N
SCHLOSSBERG
372
340
Kinzig
Büchen
Nothalde
Schlauch
KINZIGTÄLER
Ebersweier
161
Ohlsbach
1:62 500
Km 0 1 2
Mile 0 1

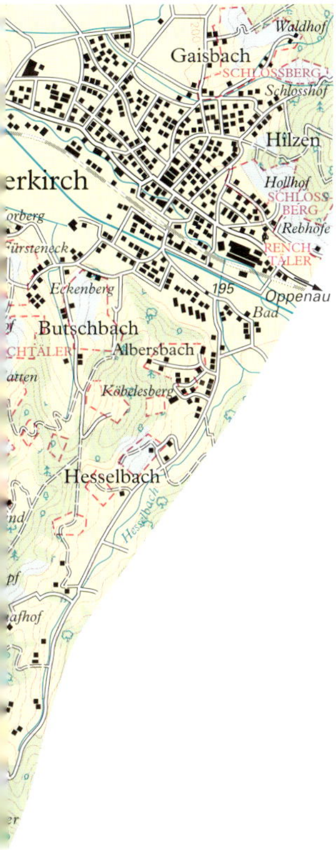

Rechts: *Der Turm des Wilhelminenschlosses aus dem 19. Jahrhundert überragt Ortenberg.*

Baden: Ortenau

ÖLBERG Einzellage
Lage Klasse I
Sonstige Rebflächen
Wald
Höhenlinien im 20-Meter-Abstand
Weinstraße

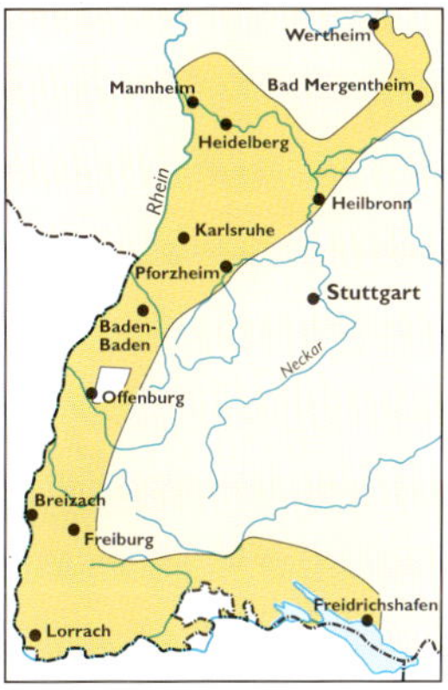

ORTENAU

Wenn die Weine der Ortenau, die sich von Baden-Baden bis südlich von Offenburg erstreckt, nur mäßig bekannt sind, so liegt das seltsamerweise an den zahllosen natürlichen Reizen der Gegend und den großen Mengen guten Weins, die man hier produziert. Ihre malerischen Städte und Dörfer inmitten wald- und weinbedeckter Hügel sind beliebte Reiseziele. Und die Leichtigkeit, mit der die meisten guten Erzeuger ihre Produkte an Besucher und treue Privatkunden loswerden, spornt sie nicht gerade zu optimalen Leistungen an.

Dabei besitzen die Weinberge an den welligen Hügeln zu Füßen des Schwarzwalds ein gewaltiges Potential. Die Berge im Osten türmen sich zu einer wirksamen Barriere gegen kalte Winde auf, und die geschützten Südhänge genießen ein ausnehmend günstiges Mikroklima. An den warmen Sommerabenden dringt ein kalter Luftstrom aus den Wäldern in die darunterliegenden Rebgärten, was zu beträchtlichen Temperaturunterschieden zwischen Tag und Nacht führt. Im Verbund mit den verwitterten Granitböden verhilft das den Weinen zu ihrer Eleganz und aromatischen Zartheit. Riesling (auch Klingelberger genannt), Gewürztraminer und Scheurebe gedeihen hier. Sie ergeben Weine mit ähnlichem Körper wie jene von

Oben: *Lesezeit im Gut Schloß Staufenberg.*

ORTENAU

HOTELS

Brenner's Park Hotel
Schillerstraße 6, 76530 Baden-Baden
Tel. 07221/9000
Eines der großen europäischen Hotels in einem schönen Park am Osbachufer im Herzen Baden-Badens. Der Gipfel an Luxus, Komfort und Service. Preise entsprechend.

Romantikhotel Der Kleine Prinz
Lichtenthaler Straße 36
76530 Baden-Baden
Tel. 07221/3464
Ein äußerst reizendes Hotel, wie eine kleine Traumwelt. Anständige Preise.

Hotel Talmühle/ Restaurant Le Jardin
Talstraße 36, 77887 Sasbachwalden
Tel. 07841/1001
Charmantes Familienhotel in schönem Garten. Exzellente regionale Küche. Moderate Preise.

Hotel-Restaurant zum Ritter
Badische Weinstraße 1
77770 Durbach, Tel. 0781/31031
Attraktives und komfortables Hotel in einem liebevoll restaurierten Gebäude aus dem 15. Jh. Gute klassische Küche.

der pfälzischen Mittelhaardt, aber mit weniger Bukett. Selbst die Gewürztraminer-Traube (oft Clevner genannt), die gern überladen, aufdringlich und bitter wirkt, liefert geschmeidige, feine Tropfen.

Die beschwingte Fruchtigkeit der Weißweine belebt auch die roten Spätburgunder, vielleicht die schmeichelhaftesten und süffigsten deutschen Rotweine. Die nahen Verwandten Weiß- und Grauburgunder sind in der Ortenau ebenfalls stark vertreten. Sie ergeben angenehme, mittelschwere Weine, erreichen aber selten die Fülle der besten Exemplare vom Kaiserstuhl oder die rassige Eleganz der Kreszenzen aus dem Kraichgau weiter nördlich. Ob das an den Präferenzen und Intentionen der Weinmacher oder an Klima und Boden liegt, bleibt offen.

Das Herzstück der Ortenau liegt östlich von Offenburg, insbesondere um Durbach mit seiner unvergleichlichen Konzentration von Spitzenlagen. Hierher kommt man auf der B 3 (Richtung Bühl/Baden-Baden) und fährt dann rechts nach Ebersweier ab. Die nächsten paar Kilometer nach Durbach sind ausgeschildert.

Das zwischen den Ausläufern des Schwarzwaldes liegende Durbachtal ist von Weinbergen überzogen. Der Ost-West-Verlauf des Flusses schafft ein weites Terrain mit Südhängen, eine der schönsten Weinlandschaften Badens. Unterhalb der Weinberge dehnt sich die charmante Stadt mit ihren guterhaltenen Häusern und hübschen Hotels aus. Reisegruppen gelangen nur selten hierher, dafür aber immer mehr Weintouristen.

Über zwei Drittel von Durbachs 470 Hektar Rebland gehört Mitgliedern der äußerst gut geführten Genossenschaft: fraglos eine der besten in Baden und in ganz Deutschland. Viele der hiesigen Spitzengüter tragen – ungewöhnlich für Baden – Adelsnamen und haben ihren Sitz in imposanten Residenzen. Keines aber liegt schöner als Schloß Staufenberg auf einem Bergkamm hoch über den Weingärten (fragen Sie in der Stadt nach der Adresse). Der Blick von der Schloßterrasse ist bei schönem Wetter so atemberaubend wie irgendwo im Mosel- oder Rheintal. Hier wurden 1776 unterhalb des Schlosses die ersten Riesling-Stöcke gepflanzt.

Nach dem Abstieg zur Hauptstraße folgen Sie den Schildern durch sattgrünes Waldland nach Offenburg. In Rammersweier biegen sie nach Zell-Weierbach ab, einem von Offenburgs Weintrabanten. Hier ist die Heimat des Gutes Freiherr von und zu Franckenstein (Mary Shelly entlehnte den Namen für ihre berühmte Romanfigur). Die hiesigen Weinberge sind nicht ganz so steil wie die von Durbach, aber die Weine können ihren prominenteren Nachbarn nahezu das Wasser reichen. Eigentlich ist dies ein Weißweinland, doch im nahen Fessenbach gibt es eine starke Spätburgunder-Tradition, die die Genossenschaft in den letzten Jahren erfolgreich ausgebaut hat.

Von Käfersberg geht es nach Ortenberg und seinem Weinbauversuchsgut in dem beeindruckenden neugotischen Schloß Ortenberg aus dem 19. Jahrhundert. Weitaus älter ist die abseits liegende Burgruine – sie geht mindestens auf das 12. Jahrhundert zurück –, doch leider wurde sie vor über 300 Jahren von den Truppen Ludwigs XIV. zerstört. Die Ruine nimmt eine beherrschende Stellung über das Kinzigtal und den Rhein selbst ein.

RESTAURANTS

Le Jardin
Siehe Hotels: Talmühle.

Raubs Restaurant
Hauptstraße 41
76456 Kuppenheim-Oberndorf
Tel. 07225/75623
Dieses Art-déco-Interieur und die phantasievolle moderne Küche würde man im tiefsten Baden nicht erwarten. Eine ausgezeichnete Karte mit regionalen Weinen und eine schöne Auswahl internationaler Kreszenzen.

Schloß Staufenberg
Siehe Empfohlene Erzeuger.

Wehlauers Badischer Hof
Hauptstraße 36, 77815 Bühl
Tel. 07223/23063
Küchenchef Peter Wehlauer serviert phantasievolle moderne Küche von schwankender Qualität.

SEHENSWÜRDIGKEITEN

Baden-Baden – Den besten Überblick über die Stadt hat man vom Turm der mächtigen Ruine Schloß Hohenbaden. Das Neue Schloß datiert aus dem 14. Jh., die meisten noch stehenden Gemäuer aus dem späten 16. Jh. Faszinierend sind die ausgegrabenen Überreste der römischen Bäder.

Forbach (Murgtal) – Die kleine Stadt oberhalb Baden-Badens ist wegen der landschaftlichen Schönheit und ihrer Holzbrücke einen Abstecher wert.

Unten: *Der Weingarten bei Kochberg ist Teil eines regelrechten Flickenteppichs aus Reben, der 470 ha Land um Durbach bedeckt.*

Gengenbach – Viele gut erhaltene Baudenkmäler: Massive Wachhäuschen, eine Klosterkirche (12. Jh.), die Martinskirche (15. Jh.) und das neoklassizistische Rathaus (1784).
Rastatt – Ludwig Wilhelm Markgraf von Baden verlegte im frühen 18. Jh. seinen Hof hierher. Das massive Barockschloß im Stadtzentrum wurde nach Mannheim seine Zweitresidenz.

EMPFOHLENE ERZEUGER

Winzergenossenschaft Durbach
Nachweide 2, 77770 Durbach
Tel. 0781/93660
In dieser Spitzengenossenschaft produzieren Direktor Konrad Geppert und Kellermeister Josef Wörner beständig gute trockene und natursüße Rieslinge und Gewürztraminer sowie gehaltvollen roten Spätburgunder und angenehmen Müller-Thurgau. An Samstag- und Sonntagnachmittagen geschlossen.

Freiherr von und zu Franckenstein
Weingartenstraße 66, 77654 Offenburg
Tel. 0781/34973
Einer der vertrauenswürdigsten Hersteller in der Ortenau mit gehaltvollen trockenen Rieslingen, Grauburgundern und Gewürztraminern. Wochenends Anmeldung erforderlich.

Gräflich Wolff Metternich'sches Weingut
Grohl 2-6, 77770 Durbach
Tel. 0781/42779
Ottmar Schilli leitet dieses große Gut schon jahrelang und hält das umfangreiche Angebot auf hohem Niveau.

Die ernsthafteste Konkurrenz erwuchs den Winzern Durbachs und Umgebung innerhalb der Ortenau von den Rieslingen, die auf dem kurzen Abschnitt zwischen Bühl und Baden-Baden im Norden heranreifen. Zwischen Offenburg und Bühl liegt ein idyllischer Landstrich, in dem Weinberge, Wälder, Obstplantagen und Gärten einander ablösen; ein Dorf sieht hier reizender aus als das andere. Am besten folgt man der Badischen Weinstraße nördlich nach Baden-Baden.

Ganz oben: *Treppengiebel und schwere Mauern geben Schloß Ortenberg ein gewichtiges Aussehen.*

Oben: *Die Trinkhalle im Kurpark ist einer der Anziehungspunkte im Luxuskurort Baden-Baden.*

Links: *Die Wandgemälde in der Trinkhalle veranschaulichen die Legenden aus dem badischen Land.*

Die Weine von der Nordspitze der Ortenau werden aus ungeklärten Gründen wie in Franken in Bocksbeutelflaschen abgefüllt. Diese ungewöhnliche Verpackung darf aber nicht darüber hinwegtäuschen, daß die Weinberge von Neuweier und seinen Nachbargemeinden mit die besten trockenen Rieslinge Badens hervorbringen.

Die Terrassenweinberge geben der Landschaft ein ganz anderes Gepräge, als man es weiter südlich kennt, obwohl man hier ähnliche Granitböden wie in Durbach antrifft. Halt machen sollte man bei dem jüngst wieder in Betrieb genommenen Schloß Neuweier.

Das in dem romantischen Oosbachtal liegende Baden-Baden war schon zur Römerzeit ein Badeort. Im 19. Jahrhundert aber, aus dem seine stattlichsten Gebäude stammen, avancierte die Stadt zum bevorzugten Reiseziel für die oberen Zehntausend in Europa. Immer noch zählt Baden-Baden zu den reichsten deutschen Städten; hier findet man einige der bundesweit besten Hotels, darunter das berühmte Brenner's Park Hotel.

Ausgezeichneter trockener Riesling und prachtvolle Riesling- und Scheurebe-Dessertweine. Anmeldung empfohlen; Samstag nachmittags und sonntags geschlossen.

Andreas Laible
Am Bühl 6, 77770 Durbach
Tel. 0781/41238
Das kleine Gut der Familie Laible ist bekannt für seinen eleganten trockenen Riesling, doch die natürlich süßen Scheureben, Traminer und Muskateller sind noch besser. Sonntags Anmeldung erforderlich.

Heinrich Männle
Sendelbach 16, 77770 Durbach
Tel. 0781/41101
Heinrich Männles Riesling, Scheurebe und Gewürztraminer sind mindestens so interessant wie seine Spätburgunder-Roten. Sonntags Anmeldung erforderlich.

Winzergenossenschaft Sasbachwalden
Talstraße 2, 77887 Sasbachwalden
Tel. 07841/20290
Die Weißen schmecken belanglos, die roten Spätburgunder aber haben Frucht und Körper. Von November bis April Samstag nachmittags und sonntags geschlossen.

Schloß Neuweier
Mauerbergstraße 21, 76534 Neuweier
Tel. 07223/96770
Gisela Joos und ihr Kellermeister Alexander Spinner haben dieses einst berühmte Gut wieder auf Touren gebracht. Superber trockener Riesling mit stark mineralischem Charakter. Wochenends Anmeldung erforderlich.

Schloß Ortenberg
Burgweg 19a, 77799 Ortenberg
Tel. 0781/34848
Seit Winfried Köninger dieses Versuchsgut Anfang der 90er Jahre übernommen hat, ist die Qualität erheblich gestiegen. Höhepunkte des Programms sind die intensiv mineralischen trockenen Rieslinge und die üppigen Dessertweine. Wochenends Anmeldung erforderlich.

Schloß Staufenberg/ Markgraf von Baden
Schloß Staufenberg, 77770 Durbach
Tel. 0781/42778
Die besten trockenen und natürlich süßen Rieslinge und Spätburgunder-Rosés sind exzellent, andere Weine in der Qualität schwankend. Herrliche Aussicht und ein originelles Weinlokal. Öffnungszeiten von März bis November: 10-20 Uhr.

KRAICHGAU, BADISCHE BERGSTRASSE UND TAUBERFRANKEN

HOTELS

Mondial/Restaurant Chandelle
Schwetzinger Straße 123
69198 Wiesloch
Tel. 06222/5760
Äußerlich reizlos modern, ist dieses kleine, komfortable und gutgeführte Hotel ein idealer Stützpunkt für Ausflüge in Nordbaden. Karlheinz Schuhmairs kreative internationale Küche hat höchstes Format. Angesichts der Qualität zivile Preise.

Parkhotel/Restaurant Gala
Deimlingstraße 36, 75175 Pforzheim
Tel. 07231/1610
Imposantes, komfortables Hotel im Zentrum Pforzheims. Einigermaßen raffinierte deutsch-französische Küche. Gemäßigte Preise.

Zum Ochsen
Siehe Restaurants.

RESTAURANTS

Chandelle
Siehe Hotels: Mondial.

Freihof
Freihofstraße 2, 69168 Wiesloch
Tel. 06222/2517
In einem der ältesten Häuser Wieslochs leitet Bernhard Zepf dieses exzellente Weinlokal. Ambitiöse regionale Küche, eine ausgezeichnete Karte mit badischen Weinen und eine freundliche Bedienung. Für die Qualität erträgliche Preise.

Gala
Siehe Hotels: Parkhotel.

Oberländer Weinstube
Akademiestraße 7, 76133 Karlsruhe
Tel. 0721/25066
Die archetypische badische Weinstube: sorgfältig gepflegtes Interieur aus dem 19. Jh., ein schöner Innenhof und eine herrliche Auswahl badischer Weine, u. a. seltene alte Jahrgänge. Der österreichische Küchenchef Günter Buchmann könnte mit seiner erlesenen Küche auch in größeren Häusern brillieren. Anständige Preise. Bei gutem Wetter Tischreservierung im Hof erforderlich.

Zum Ochsen
Pfinzstraße 64
76227 Karlsruhe-Durlach
Tel. 0721/943860
In dieser liebevoll restaurierten Gaststätte in einem Karlsruher Vorort serviert Gérard Jollit klassische französische Küche. Eine vorzügliche internationale Weinkarte. Auch ein paar freundliche Zimmer. Anständige Preise.

KRAICHGAU, BADISCHE BERGSTRASSE UND TAUBERFRANKEN

In Nordbaden gibt es wenige große Güter oder besonders tatkräftige Genossenschaften. Als Folge davon oder vielleicht auch weil die Landschaft hier weniger spektakulär aussieht als weiter im Süden, erfährt die Gegend kaum Beachtung. Zu Unrecht.

Die Kraichgau-Weinberge verteilen sich in dem Hügelland zwischen Karlsruhe, Pforzheim, Sinsheim und Wiesloch. Der hier dominierende Löß-Lehm-Boden eignet sich gut für die Pinot-Familie; insbesondere der hiesige Weißburgunder wertet seinen Gehalt mit einer rassigen Eleganz auf, wie man sie selten bei dieser Rebe sieht. Immer

wieder gibt es auch Mergelabschnitte, die sich als gute Lagen für Riesling erweisen.

Die besten trockenen Weißen dieser Gegend zeigen sich erst nach einer gewissen Flaschenlagerung von ihrer edelsten Seite, und sie können sich noch fünf Jahre oder länger entwickeln. Auch die Rotweine spielen eine wichtige Rolle, sowohl Spätburgunder wie auch Lemberger (er ist eher in Württemberg zu Hause) erbringen gute Resultate. Marktführer ist hier der Weißburgunder-Spezialist Reichsgraf und Marquis zu Hoensbroech in Angelbachtal-Michelfeld (folgen Sie den Schildern nach Mülhausen, dann geht es von Wiesloch aus nach Angelbachtal).

Der schmale Streifen mit Weinbergen im Norden Wieslochs bildet die Badische Bergstraße. Sie verläuft auf dem letzten Hang der Odenwaldausläufer und ist nach Westen zum Rheingraben hin ausgerichtet, wie die Rebflächen der benachbarten Hessischen Bergstraße im Norden. Hier ist es wärmer als im Kraichgau, und der Frühling kommt früher. Obwohl die Weißweintrauben dominieren, ist das freundliche Klima auch für die Rotweinproduktion geeignet, und das Gut Seeger aus Leimen bei Heidelberg beginnt dieses Potential in jüngster Zeit auch zu nutzen. Seegers stilvolle Weinschenke lädt zu einem Besuch des Gutes ein.

Mehr als 100 Kilometer liegen zwischen den 600 Hektar im Taubertal, das zu Baden gehört, und dem Hauptanbaugebiet der Region. Die Fahrt von Heidelberg durch das enge, gewundene Neckartal (die B 37 nach Mosbach, dann weiter auf der B 27) lohnt sich allein schon wegen der landschaftlichen Kulisse, obwohl sich Tauberfranken auch bestens mit einer Frankenreise verbinden läßt.

SEHENSWÜRDIGKEIT

Karlsruhe – Viel von der klassischen Ausstrahlung Karlsruhes ist leider im Zweiten Weltkrieg zugrundegegangen, doch der Stadtkern wurde liebevoll restauriert. Zentrum ist das kurz nach der Stadtgründung 1715 erbaute Schloß. Der neoklassizistische Architekt Friedrich Weinbrenner drückte der Stadt, in dem auch der Bundesgerichtshof sitzt, seinen Stempel auf.

EMPFOHLENE ERZEUGER

Winzergenossenschaft Beckstein
Weinstraße 30
97922 Lauda-Königshofen
Tel. 09343/5000
Bei der hochklassigen Genossenschaft gerät sogar der trockene Müller-Thurgau frisch und fruchtig. Spezialität: starke trockene Weißburgunder. Die ganze Woche über geöffnet.

Albert Heitlinger
Am Mühlberg
76684 Östringen-Tiefenbach
Tel. 07259/1061
Lassen Sie die rustikalen Weißen links liegen, interessant ist dieses mittelgroße Gut wegen seiner Spätburgunder- und Lemberger-Roten. Anmeldung empfohlen, besonders sonntags.

Reichsgraf und Marquis zu Hoensbroech
Hermannsberg
74918 Angelbachtal-Michelfeld
Tel. 07265/381
Rüdiger Graf von und zu Hoensbroech erzeugt einen höchst eleganten, komplexen trockenen Weißburgunder. Seine trockenen Rieslinge vom Eichelberger Kapellenberg sind oft ebenfalls gut. Anmeldung erforderlich.

Seeger
Rohrbacher Straße 101
69181 Leimen
Tel. 06224/72178
Mit den reichen, gutstrukturierten Spätburgundern ging Thomas Seegers Stern am Badener Weinhimmel auf. Seine trockenen Weiß- und Grauburgunder aus neuer Eiche sind ebenfalls beeindruckend. Seegers stilvolle Weinschenke Jägerlust ist Dienstag bis Freitag von 6-11 Uhr abends geöffnet.

Links oben: *Im Kraichgau sind im allgemeinen nur die sanften Hänge mit Reben bestockt.*

Links: *Die spätgotische Heiliggeistkirche thront hoch über der Stadt Heidelberg und dem Neckar.*

HEIDELBERG

HOTELS

Der Europäische Hof
Friedrich-Ebert-Anlage 1
69117 Heidelberg, Tel. 06221/5150
Dieses Grandhotel am Rand der Altstadt ist eines der besten in Nordbaden. Komfort und Service haben freilich ihren Preis.

Hirschgasse
Hirschgasse 3, 69120 Heidelberg
Tel. 06221/4540
Sehr renommiertes, stilvolles, kleines Hotel. Diese komfortable und schön erhaltene Gaststätte aus dem Jahr 1472 steht auf dem rechten Neckarufer unter dem Philosophenweg. Teuer.

Zum Ritter St. Georg
Hauptstraße 178, 69117 Heidelberg
Tel. 06221/24272
Komfortables Hotel in einem imponierenden Renaissancegebäude aus dem Jahr 1592. Moderate Preise.

Unten: *Das ursprüngliche Heidelberg einschließlich des darüberliegenden Schlosses wurde während des grausamen Feldzugs Ludwigs XIV. 1689 zerstört.*

HEIDELBERG

Heidelberg und sein zum Teil zerstörtes Schloß verdanken ihren Ruhm den Gemälden einer Reihe von romantischen Malern. In der angelsächsischen Welt sind Turners zahlreiche Darstellungen dieser Kulisse bestens bekannt. In Deutschland wurden die Werke von Carl Philipp Fohr, Karl Rottmann und Ernst Fries populär, deren Arbeiten stark von ihren Italienreisen geprägt waren. In der ersten Hälfte des 19. Jahrhunderts wurde Heidelberg ein kultureller Wallfahrtsort, der es bis heute geblieben ist. Jeden Sommer finden von Ende Juli bis Ende August im Schloßhof Abendkonzerte und Theateraufführungen statt. Der Reiz dieses alten Städtchens im Neckartal, das sich dort zur Rheinebene hin öffnet, zieht weiterhin Scharen von Touristen an.

Vor drei Jahrhunderten noch bot Heidelberg nach den Angriffen der Franzosen 1689 und 1693 ein Bild der Verwüstung. Eines der wenigen Gebäude, die der Zerstörung entgingen, war der prächtige Friedrichsbau im Innenhof des Schlosses. Der ausgedehnte Schloßkomplex setzt sich weitgehend aus einer Reihe von Ruinen zusammen. Dennoch wurde seine Silhouette an der steil aufragenden Flanke des Königstuhls zum international bekannten Wahrzeichen der beliebten Stadt.

Im Keller des Schlosses liegt ein anderes städtisches Wahrzeichen, das 220 000-Liter-Weinfaß, das Kurfürst Karl Theodor 1751 in Auftrag gegeben hatte, um seine in flüs-

Unten: *Mittelalterliche Tore, deren Form sich in der Heiliggeistkirche widerspiegelt, halten Wache an der Alten Brücke.*

siger Form eingetriebenen Steuern darin aufzubewahren. Es schüttelt einen bei der Vorstellung, wie das damals zusammengepanschte Gesöff geschmeckt haben muß.

Wohl den schönsten Blick auf das Schloß hat man vom Philosophenweg am gegenüberliegenden Neckarufer. Dorthin gelangt man von der Altstadt über die beeindruckende steinerne Alte Brücke, die Karl Theodor zwischen 1786 und 1788 mehr als Sinnbild für seine Macht und Größe denn aus praktischen Gründen hatte errichten lassen. Die terrassierten Gärten, durch die sich der Philosophenweg windet, entfalten ihre meiste Pracht im Frühling, der in dieser äußerst geschützten Ecke drei Wochen früher kommt als droben im Odenwald. Auf den Philosophenweg stößt der enge, steile, gepflasterte Schlangenweg (dessen Name eher auf seinen Verlauf als auf die Gegenwart von Reptilien hindeutet).

Die Altstadt Heidelbergs liegt direkt unterhalb des Schlosses. Neben dem Schloß überlebte nur ein Gebäude das Zerstörungswerk von 1693: das Hotel Zum Ritter. Wie in der Vergangenheit, so prägen auch heute noch die Studenten der städtischen Universität das Straßenbild. Einige Studentenkneipen sind noch so erhalten wie zur Jahrhundertwende. Am anderen Ende der Kulturszene stehen die zahlreichen Museen, an erster Stelle das Kurpfälzische Museum, in dem geschichtlich Interessierte ganze Tage verbringen können.

RESTAURANTS

Simplicissimus
Ingrimstraße 16, 69117 Heidelberg
Tel. 06221/183336
Die aufwendige Küche in diesem «Bistro» ist die preiswerteste in ganz Heidelberg. Gute internationale Weinkarte mit loyalen Preisen.

Zur Herrenmühle
Hauptstraße 237-239
69117 Heidelberg
Tel. 06221/12909
Gutes, aber teures Essen. Günter Überles moderne Küche gehört vielleicht nicht zur gastronomischen Elite der Region, ist aber beständig gut. Ebenso die hochpreisige Weinkarte.

SEHENSWÜRDIGKEIT

Schwetzingen – Es mag größere und imposantere Barockschlösser geben, doch Schwetzingens Residenz mit den prachtvollen Gärten ist am schönsten.

Hessische Bergstraße

An den letzten Westhängen des Odenwalds wuchsen schon ungezählte Jahrhunderte lang Weinstöcke; zur Weinbauregion wurde die Hessische Bergstraße aber erst 1971 erklärt. Davor bildeten die 470 Hektar Rebflächen der Bergstraße mit herrlichem Blick über den oberen Teil des Rheingrabens zusammen mit den Weinbergen im Süden Heidelbergs eine Region. Aus politischen Gründen wurden diese beiden Gebiete getrennt und die «neue» Anbauzone Hessische Bergstraße geschaffen.

Sie ist eine von den wenigen Regionen, die vom 1971 erlassenen Weingesetz profitierten, auch wenn es anfangs nicht danach aussah. Die vielen Naturschönheiten, die liebenswerten alten Städte und das milde Klima verlocken die Bewohner des Rhein-Main-Ballungszentrums und des nahen Raums Ludwigshafen-Mannheim zu Tages- und Wochenendausflügen. Aufgrund der geringen Anbaufläche und des beschränkten Ertrags verlassen allenfalls ein paar Flaschen in den Kofferräumen der Besucherautos die Region. Lediglich die Domäne Bensheim (vormals Staatsweingut Bergstraße) und die Bergsträsser Gebiets-Winzergenossenschaft sind groß genug, ihre Weine auch in anderen Teilen Deutschlands bekannt zu machen. Zusammen bestreiten sie nahezu drei Viertel der regionalen Produktion, von der jedoch kaum etwas auf den Exportmarkt gelangt.

Der schwache Bekanntheitsgrad der Hessischen Bergstraße ist um so betrüblicher, als es hier neben der wunderschönen Rebenlandschaft auch einige bemerkenswerte Weine gibt. Im Schutz des Odenwaldes im Osten und der Nordspitze der Haardt im Westen hält der Frühling hier früher Einzug als anderswo im Land. Das verlängert die Wachstumsperiode erheblich; hinzu kommt, daß das Gebiet nur selten unter Hitzewellen zu leiden hat – ideale Voraussetzungen also für den Riesling-Anbau. Nicht von ungefähr bedeckt diese Rebsorte 56 Prozent der Anbau-

Links: *Nicht Naturschönheiten, sondern ein ruhiger Charme prägt die Landschaft dieser Region.*

Oben: *Das Rathaus aus dem 16. Jahrhundert beherrscht den Marktplatz von Heppenheim.*

flächen und beherrscht insbesondere die Hanglagen mit den steinigen Böden. Die daraus entspringenden Weine ähneln den Erzeugnissen aus dem rheinhessischen Nierstein-Oppenheim und Teilen des Rheingaus. In tieferem und reichhaltigerem Boden gedeihen Weiß- und Grauburgunder, deren Weine viel mit den badischen Sortenvettern gemein haben. Das «Arbeitspferd» Müller-Thurgau sieht man nur an den kühlsten Standorten, insbesondere in den Rebinseln um Groß-Umstadt zwischen dem Zentrum der Region und dem fränkischen Aschaffenburg – einfache Weine, aber im Idealfall frisch und fruchtig.

Mit dem Eintreffen des Frühlings versinken die Hügel im Blütenmeer der Mandel-, Pfirsich-, Kirschen- und Aprikosenbäume; gleichzeitig strömen die Touristen in die Region. Nach billigen Souvenirs dürften sie allerdings vergeblich Ausschau halten, Kitsch wird kaum geboten. Die meisten werden ohnehin durch diejenigen Winzer angezogen, die über eine kleine Weinschenke – einen Gutsausschank oder eine einfache Straußwirtschaft – verfügen; einige davon gehören zu den besten deutschen Weinrestaurants überhaupt. An einem lauen Sommerabend bekommt man oft nur schwer einen Tisch.

Die Hessische Bergstraße erreicht man am einfachsten über die Autobahn A 5. An der Ausfahrt Weinheim nimmt man die B 3 in nördlicher Richtung nach Heppenheim am Fuß der Rebhügel. Über der Stadt thront die Burgruine Starkenburg, und der prächtige alte Marktplatz, in den Straßen und Gassen einmünden, ist von Fachwerkhäusern gesäumt. Die Häuser stammen zumeist aus den ersten Jahrzehnten des 18. Jahrhunderts, wobei Teile des Rat-

Unten: *Die Hänge des Zwingenberger Weinbergs Steingeröll eignen sich bestens für den Riesling-Anbau.*

Links: *Das stattliche Gutsgebäude der Domäne Bensheim steht mitten im städtischen Weinberg Centgericht.*

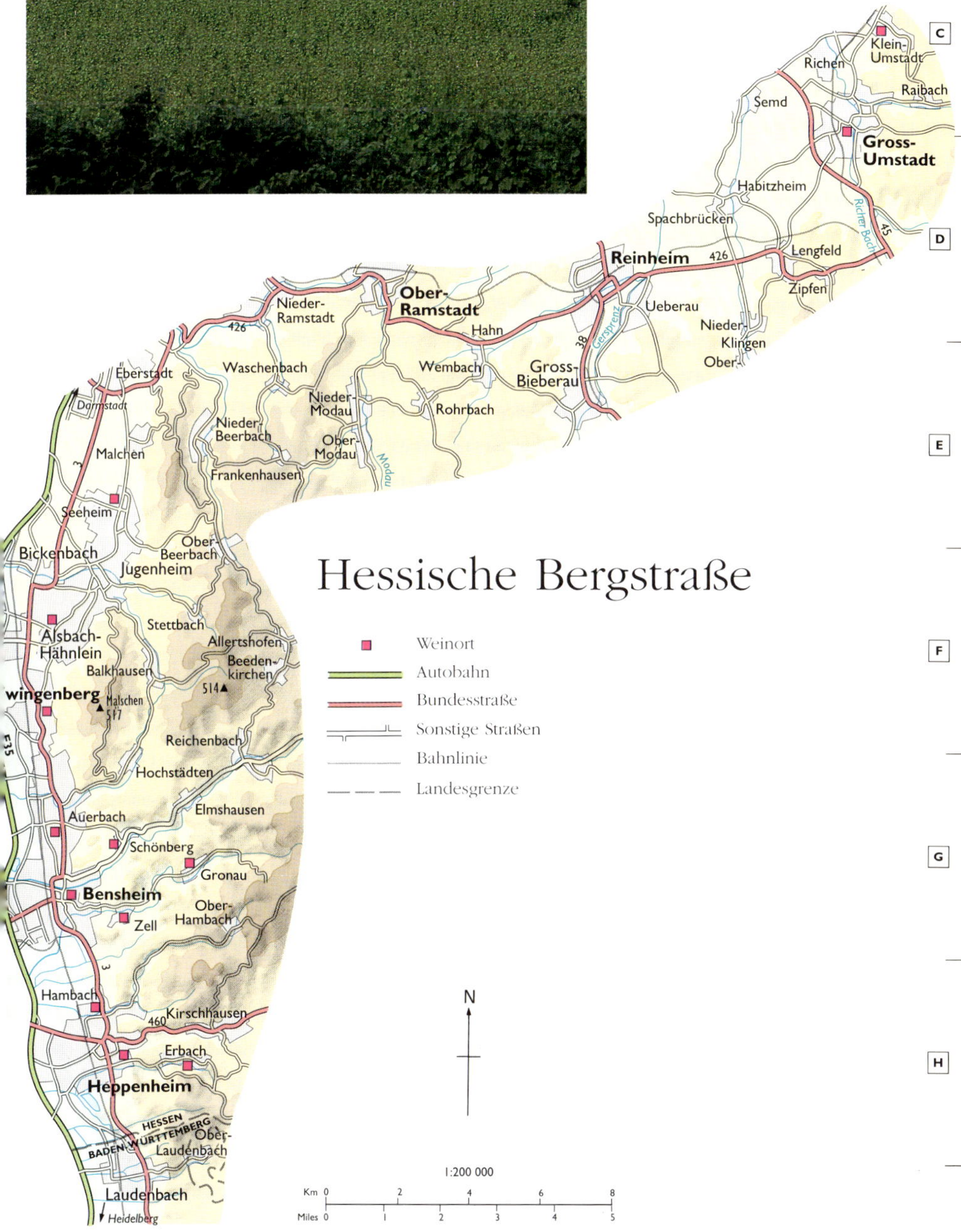

Rechts: *Hinter den Weinbergen Zells bei Bensheim erhebt sich der Odenwald.*

Ganz rechts: *Die saftig grüne Weinlandschaft von Heppenheim.*

HESSISCHE BERGSTRASSE

HOTELS

Hotel am Bruchsee
Am Bruchsee 1, 64646 Heppenheim
Tel. 06252/73056
Bestes Hotel am Platz. Anständige Preise.

Goldener Engel
Großer Markt 2, 64646 Heppenheim
Tel. 06252/2563
Kleines, ausreichend komfortables Hotel in einem Fachwerkhaus im Zentrum der Altstadt.

Parkhotel Herrenhaus
Im Staatspark Fürstenlager
64625 Bensheim-Auerbach
Tel. 06251/72274
Komfortables, kleines Hotel 3 km nördlich von Bensheim. Moderate Preise.

RESTAURANTS

Alchemia
Großer Markt 5, 64646 Heppenheim
Tel. 06252/2326
Weinlokal in einem schön restaurierten Fachwerkhaus von 1708. Gute moderne Küche und großes Sortiment hiesiger Weine.

Da Gianni
R 7 – 34, 68161 Mannheim
Tel. 0621/20326
Lohnt die Fahrt von 35 km. Gianni Julita leitet wohl Deutschlands bestes italienisches Restaurant. Raffiniertes Essen und Ambiente, exzellente Weinkarte. Preise entsprechend hoch.

Dalberger Hof
Dalberger Gasse 15, 64625 Bensheim
Tel. 06251/4747
Restaurant mit guter regionaler Küche im «Bürgerhaus» von Bensheim. Moderate Preise.

Gasthaus und Weinstube Ratsstübchen
Obergasse 1, 64673 Zwingenberg
Tel 06251/72182
Originalweinstube mit Wein aus eigenen Weinbergen und Fleisch aus eigener Schlachtung.

Schlinkenkeller
Schlinkengasse 7, 64625 Bensheim
Tel. 06251/62323
Kellerweinstube mit herzhaftem einheimischem Essen und einer guten Auswahl hiesiger Weine.

Weinhaus Blauer Aff
Kappengasse 2
64625 Bensheim-Auerbach
Tel. 06251/72958
Peter Poths Weinlokal im malerischen Auerbach ist eine Institution an der

hauses sogar 150 Jahre älter sind. Der nahe, aus Stein gebaute Hees'sche Hof (heute eine Schule) aus den letzten Jahren des 17. Jahrhunderts ist vielleicht noch interessanter. In den Straßen der Altstadt findet man eine ganze Reihe von schönen alten Gebäuden.

Im Vorort Hambach erklimmen die steilen Terrassen den unvergleichlichen Heppenheimer Steinkopf. Seine Geschichte geht bis auf das Jahr 1517 zurück, und sein verwitterter Sandsteinboden gebiert Rieslinge von beachtlicher Eleganz und betont mineralischem Charakter.

Das fünf Kilometer weiter nördlich liegende Bensheim ist in vieler Hinsicht das Zentrum der Region. Wie in Heppenheim steht auch hier der Marktplatz im Mittelpunkt, auf dem heute noch wochentags ein Obst- und Gemüsemarkt stattfindet. Im Herzen Bensheims sieht man viele schöne Fachwerkhäuser (Ende 17. bis Anfang 18. Jahrhundert). Wegen der großen Fußgängerzone in der Stadtmitte lassen sich die Baudenkmäler besser ohne Auto besichtigen. Am Ende der Obergasse, wo sich der Rote Turm aus dem 14. Jahrhundert erhebt, kann man in einzelnen Höfen Überreste der Stadtmauer finden. Der ansehnliche Walderdorffer Hof in derselben Straße ist ein wunderschönes Beispiel spätgotischer Fachwerkkonstruktion aus dem Jahr 1470. Das Haus Bensheim in der Hauptstraße war ursprünglich (1597) ein Wirtshaus.

Die ohne Zweifel schönsten Weinberge Bensheims tragen die Namen Kalkgasse und Streichling. Die 1904 gegründete Domäne Bensheim, eine der besten deutschen Staatsdomänen und die bei weitem qualitätsbewußteste Kellerei der Region, ist nur einen kurzen Spaziergang von der Innenstadt entfernt.

Das Auerbacher Schloß nördlich von Bensheim ist eine massive, zum Teil zerstörte Befestigungsanlage aus dem 14. und 15. Jahrhundert. Nach seiner Erstürmung durch das Heer Ludwigs XIV. bewahrte es nur seine schwer zugängliche Höhenlage vor der Ausbeutung als Baustofflager durch die einheimische Bevölkerung. Seit dem frühen 19. Jahrhundert zog das Schloß magnetisch Besucher an, die immer noch 350 Meter hoch steigen müssen, um die Ruinen besichtigen und den wunderschönen Blick über die Rheinebene genießen zu können. Im Juli und August findet hier eine Reihe von Theateraufführungen statt (Information und Kartenverkauf Tel. 06251/2332). Oberhalb Auerbachs liegt als weitere Attraktion der Fürstenlager Park, den man in der zweiten Hälfte des 18. Jahrhunderts angelegt hat. Dieser außergewöhnliche Lustpark war für die hiesige Aristokratie um die dort entdeckte Quelle angelegt worden. Das stattliche Herrenhaus, heute Hotel, Restaurant und Café, wurde 1792 vollendet.

Bergstraße. Einfaches Essen, aber hochklassige Auswahl an hiesigen, französischen und italienischen Weinen. Angenehme Preise. Wochenends Reservierung erforderlich.

Weinschänke Rebenhof
Gartenfeld 26, 64673 Zwingenberg
Tel. 06251/72182
Rustikale Weinschenke mit traditionellem, einheimischem Essen und gutseigenen Weinen.

Winzerkeller
Amtsgasse 5, 64646 Heppenheim
Tel. 06252/5228
Gemütliche Weinstube mit gutem einheimischem Essen. Nur Weine von der örtlichen Genossenschaft.

SEHENSWÜRDIGKEITEN

Lorsch – Liebenswerte alte Stadt bei Bensheim zwischen der A 5 und der A 67 mit herrlichem Fachwerkrathaus aus dem frühen 18. Jh.
Darmstädter Museen
– **Hessisches Landesmuseum**, Friedensplatz 1. Gemäldesammlung von der Gotik bis zur Moderne, Jugendstil u. a. Montags geschlossen.
– **Großherzogliche Porzellansammlung**, Prinz-Georg-Palais, Schloßgartenstraße 7. Porzellan aus dem 18. und 19. Jh.

– **Schloßmuseum**, Im Schloß. Sammlung von Kostümen, Möbeln und Gemälden; früher im Besitz der Herzöge von Hessen.
– **Museum Künstlerkolonie Darmstadt**, Alexandraweg 26, Mathildenhöhe. Zeugnisse der Künstlerkolonie an der Wende zum 20. Jh.

EMPFOHLENE ERZEUGER

Domäne Bensheim
Grieselstraße 34-36, 64625 Bensheim
Tel. 06251/3107
Heinrich Hillenbrand leitet dieses Familiengut in der dritten Generation und hält mit Kellermeister Volker Hörr ein hohes Niveau. Die trockenen Weiß- und Grauburgunder aus der Heppenheimer Lage Centgericht sowie die trockenen Rieslinge vom Heppenheimer Steinkopf und von der Bensheimer Kalkgasse sind die besten regionalen Produkte aus diesen Trauben. Ebenfalls ausgezeichnete Beerenauslesen, Trockenbeerenauslesen und Eiswein. Anmeldung wochenends erforderlich.

Bergsträsser Gebiets-Winzergenossenschaft
Darmstädter Straße 56
64646 Heppenheim
Tel. 06252/73015
Mit dem neuen Direktor Otto Guthier scheint die solide Basis der Genossenschaft noch weiter angehoben zu werden. Achten Sie auf die preiswerten Auslese-, Beerenauslese- und Trockenbeerenauslese-Dessertweine. Samstag nachmittags und sonntags geschlossen.

Simon-Bürkle
Wiesenpromenade 13
64673 Zwingenberg
Tel. 06251/76446
Erst vor fünf Jahren gründeten die beiden Schüler der Württemberger Weinbauschule Weinsberg, Kurt Simon und Wilfried Bürkle, dieses Gut. V. a. Riesling, Grau- und Weißburgunder. Ein neuer Star scheint geboren. Gutsausschank geöffnet Montag-Freitag ab 17 Uhr, Wochenende ab 11 Uhr. Für Wochenend-Weinproben Anmeldung erforderlich.

Die nächste Stadt im Norden ist Zwingenberg mit einer teilweise noch intakten Stadtmauer, die von der B 3 aus zu sehen ist. Zu dem sogenannten Schlößchen aus den Anfängen des 16. Jahrhunderts gehört einer der Befestigungstürme der Stadtmauer. Auch hier scharen sich um den Marktplatz etliche prächtige alte Gebäude, darunter der Freihof (1603). Ganz in der Nähe steht am Obertor das entzückende Jagdschloß (erbaut 1561-1563). Im Rükken der Stadt erhebt sich der 517 Meter hohe Malschen, der von dem gipfelnahen Aussichtspunkt Melibokus einen wunderschönen Blick bietet. An der Nordwestseite steht die teilweise rekonstruierte Ruine des Alsbacher Schlosses. Der Weinberg Steingeröll liefert die feinsten Weine der Stadt, besonders den Riesling, der sich mit dem Bensheimer durchaus an Eleganz messen kann.

In Seeheim weiter nördlich sprießen zwar auch ein paar Weinstöcke, wesentlicher aber sind die prachtvollen Gebäude des Ortsteils Jugenheim. Am ältesten ist die Bergkirche aus dem Jahr 1263. Der Gartensaal des spätneoklassizistischen Schlosses Heiligenberg (1863-77) wird für Kunstausstellungen verwendet. Unweit davon befindet sich Darmstadt mit seinen vielen Museen und der Künstlerkolonie Mathildenhöhe.

Darmstadt liegt am Nordende der Hessischen Bergstraße auf halbem Weg zwischen Frankfurt und Mannheim. Trotz seiner bescheidenen Größe besitzt es eine große Anzahl von Museen und sehenswerten Baudenkmälern, Reichtümer, die zum größten Teil unter der Schirmherrschaft der Großherzöge aus Hessen-Darmstadt im 19. und frühen 20. Jahrhundert angehäuft worden waren. Eine Ausnahme bildet das Schloß im Stadtzentrum, das aus früherer Zeit stammt. Die ältesten Teile des Bau-

Rechts: *Die Lorscher Klosterkirche aus dem 12. Jahrhundert wurde von den Einheimischen bis Anfang des 20. Jahrhunderts als Trockenraum für Tabak verwendet. Im Tabakmuseum des Ortes wird dieser Industriezweig anschaulich dargestellt.*

Oben: *Auf Tuchfühlung stehen die alten und neuen Gebäude in der kleinen Stadt Zwingenberg.*

werks, das in seiner langen Geschichte mehrmals vergrößert und umgestaltet wurde, hat man schon im frühen Mittelalter errichtet. In krassem Gegensatz zu solchem Eklektizismus steht die neoklassizistische Ludwigskirche auf dem Wilhelminenplatz. Entworfen hat sie der Architekt Georg Moller, der bei der Stadterweiterung in den ersten Jahrzehnten des 19. Jahrhunderts eine gewichtige Rolle spielte. Leider wurde ein Großteil seiner übrigen Werke in Darmstadt in der letzten Phase des Zweiten Weltkriegs zerstört.

Die zweite Periode künstlerischen Schaffens in Darmstadt hat fast ein Jahrhundert später dankenswerterweise vielfältigere Spuren hinterlassen. Den Beweis dafür liefert die Mathildenhöhe im Osten der Stadt, die eines der Jugendstilzentren in Deutschland war. Allerdings paßt die Mehrzahl der herausragenden Gebäude der Mathildenhöhe nur schlecht in dieses Bild. Die Russische Kapelle wurde im Auftrag von Zar Nikolaus II. errichtet, dessen Gemahlin Alice eine Schwester des Großherzogs von Hessen, Ernst Ludwig, gewesen war. Der außergewöhnliche, vom Jugendstil und Expressionismus geprägte Hochzeitsturm mit seiner fünffingrigen Giebelkrönung wurde von Josef Maria Olbrich zur Feier der Hochzeit Ernst Ludwigs erbaut. Olbrich war einer der führenden deutschen Jugendstilarchitekten; auf der Mathildenhöhe steht eine Sammlung seiner schönsten Entwürfe: das Ernst-Ludwig-Haus (heute Heimstatt des Museums für die Geschichte der Mathildenhöhe), das Große und das Kleine Glückerthaus und das Haus Deiters, das heute als Museum der Malerei des 19. Jahrhunderts dient.

H. Freiberger
Hermannstraße 16
64646 Heppenheim
Tel. 06252/2457
Vater und Sohn, beide Heinz mit Vornamen, konzentrieren sich auf trockenen Riesling. Wechselnde Qualität, aber einige gute Tropfen. Anmeldung empfohlen. Mittwochs, Samstag nachmittags und sonntags geschlossen.

Weingut der Stadt Bensheim
Darmstädter Straße 6
64625 Bensheim
Tel. 06251/14269
Kellermeisterin Ellen Ittner macht gehaltvolle trockene Rieslinge, in guten Jahren mit die besten der Region. Wochenends Anmeldung erforderlich.

Tobias Georg Seitz
Weidgasse 8
64625 Bensheim-Auerbach
Tel. 06251/75825
Trockene Rieslinge dominieren auf dem kleinen Gut der Familie Schott. Wochenends Anmeldung erforderlich.

Württemberg

Die Hügellandschaft am Neckar und seinen Nebenflüssen bildet ein geschlossenes Weinbaugebiet. Württemberg mit seinen vielen alten Städten, die die Verheerungen zahlloser Kriege überstanden haben, nimmt als Landstrich nicht nur wegen der speziellen Eigenschaften seiner Weinberge, sondern auch wegen der unverwechselbaren Mentalität seiner Bewohner eine Sonderstellung ein. Es ist die einzige Region in Deutschland, in der Wein eine ähnlich gewichtige Rolle spielt wie in Frankreich oder Italien. Auf ihr tägliches «Viertele» wollen die Schwaben nicht verzichten, und diese Grundeinstellung hat die Württemberger Weine nicht weniger geprägt als die warmen, trockenen Sommer seines Kontinentalklimas. Dieses Viertele ist im allgemeinen ein hellroter Wein von der Trollinger- (Vernatsch in Italien) oder der Schwarzriesling-Traube (Pinot meunier).

Der Rotwein war hier schon immer bedeutend. Im ausgehenden 16. Jahrhundert dominierten die roten Reben in den 45000 Hektar Weinbergen der Region. Damals wurden die roten und weißen Trauben zusammen geerntet – daher die schwäbische Vorliebe für die hellroten Tropfen. «Schillerwein» heißt die rot-weiße Mixtur heute, mit dem Dichterfürsten dürfte der Name freilich nichts zu tun haben.

Und während im 19. Jahrhundert in fast allen anderen deutschen Weinbaugebieten die weißen Trauben auf dem Vormarsch waren, hielten Württembergs Winzer an ihrer Rotweintradition fest. Heute produzieren sie auf ungefähr 11200 Hektar 40 Prozent des deutschen Roten.

Das Kontinentalklima und die schützenden Berge des Odenwaldes im Norden sowie der Schwäbischen Alb im Süden schaffen im Verein mit den warmen, trockenen Sommern die idealen Reifebedingungen für die roten Trauben. Nimmt man dann noch die hier typischen schweren Mergel- oder Mergel-Gips-Böden und die nach

Links: *Alte Häuser drängen sich am beschaulichen Ufer des Neckars in Tübingen.*

Oben: *Burg Schaubeck, Heimat von Graf Adelmann und dem berühmtesten Württemberger Gut.*

Süden ausgerichtete Hänge hinzu, hat man die besten Voraussetzungen für qualitativ hochstehende Rotweine.

Württembergs beste Weine sind die roten Lemberger (in ihrer österreichischen Heimat Blaufränkisch) und Spätburgunder (Pinot noir) sowie die Pinot-Varianten Clevner und Samtrot. Sie werden immer häufiger in neuer Eiche ausgebaut. Auch Verschnitte kommen in Mode, ein Hinweis auf die verstärkten Anstrengungen in der Rotweinproduktion. Denn Ende der achtziger Jahre erkannten die führenden Hersteller der Region, daß die Lemberger-Rebe zwar zu reichen, gehaltvollen Weinen taugt, Eleganz und Feinheit aber erst durch die Beimischung anderer Trauben erzielt werden.

Das notorische Rotweinprofil überdeckt die Weißweinqualifikation der württembergischen Winzer. Dabei ist Riesling immer noch die am meisten verbreitete Traube, die hier sogar noch etwas mehr Rebfläche in Anspruch nimmt als im Rheingau, wobei die Württemberger Weißen zumeist runder und geschmeidiger ausfallen. Gute Versionen bestechen mehr durch ihre reiche Fruchtigkeit und ihr pflanzlich-erdiges Aroma als durch Eleganz und Zartheit. Die lokale Kreuzung Kerner ergibt oft Weine, die den hiesigen Rieslingen gleichwertig sind, und sowohl Gewürztraminer wie auch Muskateller erweisen sich in der trockenen Ausführung als fein und aromatisch.

Trotz allem verlieren die schwäbischen Winzer im Überschwang der Begeisterung für ihre eigenen Weine zuweilen den Blick für die tatsächliche Qualität ihrer Produktion. Gewiß zeigt die Region einen soliden Standard (der höher ist als anderswo), doch nur wenige Güter und Genossenschaften schöpfen derzeit das Potential ihrer Weinberge voll aus. Freilich bietet diese reizvolle und manchmal sogar phantastische Landschaft genug, um selbst dem verwöhntesten Weintouristen ein volles Programm zu liefern.

Württemberg

Weinort Württemberg
Weinort Franken
Autobahn
Bundesstraße
Sonstige Straßen
Bahnlinie
Internationale Grenze
Landesgrenze
Regierungsbezirksgrenze

Unten: *Besigheim, eine der attraktivsten alten Städte der Region, liegt zwischen den Tälern von Neckar und Enz.*

6
7
8
9
10
A
B
C
D
E
F
G
H
I
N
Krautheim
Klepsau
Dörzbach
Oberkessach
Jagst
Würzburg
Schöntal
Bieringen
Stachenhausen
A81
E41
Widdern
Möckmühl
Würzburg
Mosbach
Neckarzimmern
Hassmersheim
Siglingen
Gundelsheim
Neudenau
Herbolzheim
Neckarmühlbach
Heinsheim
Duttenberg
Jagst
Offenau
Bad Wimpfen
Oedheim
Bad Friedrichshall
Neuenstadt
Brettach
Kocher
Hardthausen
Kochersteinsfeld
Langenbeutingen
Ernsbach
Forchtenberg
Weissbach
Criesbach
Ingelfingen
Belsenberg
Niedernhall
Künzelsau
Zweiflingen
Kirchensall
Nürnberg
A6-E50
Untereisesheim
Mannheim
Binswangen
Neckarsulm
Gellmersbach
Siebeneich
Schwabbach
Verrenberg
Öhringen
Neuenstein
Michelbach
A6-E50
Massenbachhausen
Gemmingen
HEILBRONN
Schwaigern
Erlenbach
Dimbach
Wimmental
Grantschen
Bretzfeld
Waldbach
Pfedelbach
Heuholz
Sülzbach
Geddelsbach
Untersteinbach
Eschenau
Weinsberg
Willsbach
Unterheimbach
Maienfels
525
Weiler
Eichelberg
Hösslinsülz
Lehrensteinsfeld
Löwenstein
Leingarten
Stetten
Klingenberg
Nordheim
Neipperg
Nordhausen
Kleingartach
Brackenheim
Güglingen
Pfaffenhofen
Meimsheim
Cleebronn
Kirchheim
Bönnigheim
Flein
Untergruppenbach
Talheim
Lauffen
Ilsfeld
Gemmrigheim
Erligheim
Walheim
Ochsenbach
Löchgau
Gündelbach
Hohenhaslach
Horrheim
Sachsenheim
Sersheim
293
27
Unterheinriet
Abstatt
Auenstein
539
Löwensteiner Berge
Wüstenrot
Spiegelberg
39
Beilstein
Gronau
Oberstenfeld
Winzerhausen
A81
E41
Mundelsheim
Besigheim
Grossbottwar
Kleinbottwar
Oppenweiler
Kleinaspach
Höpfigheim
Murr
Steinheim
Aspach
BACKNANG
Ingersheim
Neckar
Pleidelsheim
Marbach
Kirchberg
Benningen
Erdmannhausen
Affalterbach
BEITIGHEIM-BISSINGEN
Enz
Tamm
Oberriexingen
Freiberg
Neckarweihingen
Poppenweiler
Markgröningen
Riet
Asperg
LUDWIGSBURG
Hertmannsweiler
Leutenbach
14
Möglingen
Schwaikheim
Bürg
Schwieberdingen
Hemmingen
KORNWESTHEIM
Winnenden
Baach
Remseck
Münchingen
Stammheim
Mühlhausen
Korb
Hanweiler
Breuningsweiler
A81-E41
10
Neustadt
Ditzingen
Korntal
Zuffenhausen
Kleinheppach
FELLBACH
WAIBLINGEN
Remshalden
Feuerbach
Grunbach
29
Urbach
LEONBERG
Münster
Rommelshausen
Karlsruhe
Gerlingen
Bad Cannstadt
Geradstetten
Rems
Winterbach
STUTTGART
Untertürkheim
Kernen
SCHORNDORF
Aalen
Stetten
Schnait
Plüderhausen
Wangen
Obertürkheim
Strümpfelbach
Aichelberg
Hedelfingen
Schurwald
Büsnau
Mettingen
ESSLINGEN
Aichwald
Baltmannsweiler
Degerloch
Vaihingen
Neckar
Altbach
Möhringen
Hohenheim
Ostfildern
10
Plochingen
Ebersbach
SINDELFINGEN
Plieningen
Deizisau
Reichenbach
Rottweil
LEINFELDEN ECHTERDINGEN
Ulm
A81-E41
A8-E52
Denkendorf
Köngen
BÖBLINGEN
Filderstadt
Neuhausen
Wernau
Schönaich
Wolfschlugen
Steinenbronn
Oberboihingen
Holzgerlingen
Waldenbuch
KIRCHHEIM
27
Weil
Neckartailfingen
Dettingen
28
NÜRTINGEN
Weilheim
Ulm
Dettenhausen
598
Schönbuch
Frickenhausen
Breitenstein 811
Neckartenzlingen
Grossbettlingen
297
Breitenholz
Grafenberg
Bebenhausen
Kohlberg
Beuren
Entringen
Pliezhausen
Neuffen
Lenningen
TÜBINGEN
Kirchentellinsfurt
Metzingen
Dettingen
Wannweil
Neuhausen
Etzenberg 731
Sondelfingen
28
Ammerbuch
Bad Urach
Erms
Hirschau
Neckar
Ulm
Rottenburg
REUTLINGEN
Eningen
Gomaringen
Pfullingen
Sigmaringen
Dusslingen
Hechingen
Alsberg 825
1:500 000
Km 0 10 20 30
Miles 0 5 10 15
Ulm
Schlier
RAVENSBURG
32
Oberzell
Grünkraut
Obereschach
Ettenkirch
Bodnegg
Meckenbeuren
Kehlen
Lochbrücke
Tettnang
Obereisenbach
Überlingen
30
Tannau
Neukirch
Leutkirch
FRIEDRICHSHAFEN
467
Eriskirch
Argen
Betznau
Langnau
Gattnau
Kressbronn
Langenargen
Hattnau
Sigmarszell
12
Nonnenhorn
Bodolz
Wasserburg
Bodensee
Lindau
Dornbirn

HEILBRONN UND UMGEBUNG

HOTELS

Astron
Sulmstraße 2, 74172 Neckarsulm
Tel. 07132/3880
Reizendes, modernes Hotel mit ordentlichem Komfort zu gemäßigten Preisen.

Insel-Hotel
Friedrich-Ebert-Brücke
74072 Heilbronn
Tel. 07131/6300
Komfortables, modernes Hotel auf einer kleinen Neckarinsel. Zentrale Lage mit kleinem Park; von vielen Zimmern Blick auf Weinberge. Anständige Preise.

Park-Villa
Gutenbergstraße 30, 74074 Heilbronn
Tel. 07131/95700
Kleines Hotel in beeindruckender Villa mit stilvollen, modernen Zimmern. Moderate Preise.

Wald- und Schloßhotel Friedrichsruhe
Siehe Restaurants.

Schloß Lehen/Lehenstube
Hauptstraße 2
74177 Bad Friedrichshall-Kochendorf
Tel. 07136/4044
Die Zimmer in diesem Wasserschloß aus dem 16. Jh. sind seit Jahrhunderten unverändert geblieben. Die kreativen, raffinierten Gerichte von

HEILBRONN UND UMGEBUNG

Heilbronn ist eines der beiden Zentren in Württemberg; die meisten Weinberge der Region liegen im Osten, Süden und Westen der Stadt. Aus Norden kommend, erreicht man Heilbronn am leichtesten über die Autobahn A 81 aus Würzburg. Im westlichen Baden bietet sich die Autobahn A 6 als schnellste Route an. Am malerischsten aber ist die B 37, die von Heidelberg aus durchs Neckartal führt. In dem engen, gewundenen und dichtbewaldeten Tal mit seinen alten Städtchen vermißt man vielleicht etwas die Weinberge, wird aber durch den landschaftlichen Reiz vollauf entschädigt.

Die ersten Rebstöcke tauchen in Binau auf, doch sie gehören noch zu Baden. Erst die imposante Burg Hornberg auf der Spitze eines steilen, rebenbedeckten Hanges, der vom Neckarufer aufsteigt, liegt auf der württembergischen Seite. Das dortige Gut mit seinen mittelalterlichen Befestigungsanlagen und den Gebäuden aus dem 17. und 18. Jahrhundert ist seit 1612 im Besitz der Barone von Gemmingen, und die terrassierten Weinberge bestehen mindestens genauso lange. Solch steile und schwer zu bewirtschaftende Rebhänge sind typisch für die Flußtäler Württembergs. Mit Maschinen ist hier praktisch nichts zu machen, fast alles geschieht in Handarbeit, so auch die Erhaltung der kilometerlangen Trockenmauern, die sich allenthalben über die Hänge ziehen.

Von Binau aus schlängelt sich die Straße an Gundelsheim und dem Schloß Horneck vorbei bis zur Mündung der beiden Neckarzuflüsse Kocher und Jagst. Das ausneh-

Oben: *Wie im übrigen Deutschland liefert die Müller-Thurgau-Rebe auch in Württemberg leicht zu trinkende Alltagsweine.*

Oben rechts: *Das Schloß Öhringen ist Sitz des Weinguts Fürst zu Hohenlohe-Oehringen.*

Rechts: *Weinberge bei Besigheim im Neckartal.*

mend pittoreske Gundelsheim ist eine Besichtigung wert (von seinen Weinen sollten Sie sich aber nicht zu viel erwarten). Wegen des kühlen Klimas gedeihen vor allem Weißweintrauben, und der Riesling hier ist zumindest lebendiger und frischer als anderswo in der Region. Noch weiter im Osten kommen die Weinberge des Taubertals südlich von Bad Mergentheim. Die hiesigen Silvaner- und Müller-Thurgau-Produkte ähneln stark den Frankenweinen, wobei die anderen Weinberge an der Tauber zu Baden (Tauberfranken) gehören.

Küchenchef Eggensperger krönen das stilvolle Lokal. Moderate Hotel- und Restaurantpreise.

Hotel Victoria
Siehe Restaurants: Zirbelstuben.

RESTAURANTS

Beichtstuhl
Fischergasse 9, 74072 Heilbronn
Tel. 071 31/8 95 86
Edgar Rauers eklektische, unprätentiöse Küche macht dieses Restaurant zum besten Heilbronns.

Heilbronner Winzerstüble
Ludwig-Pfau-Straße 14
74072 Heilbronn
Tel. 071 31/8 40 42
Andrea und Theo Menges leiten diese attraktive Weinstube im Stadtzentrum. Auf der preisgünstigen Weinkarte finden sich auch Produkte von Drautz-Able.

Lehenstube
Siehe Hotels: Schloß Lehen.

Wald- und Schloßhotel Friedrichsruhe
74639 Zweiflingen-Friedrichsruhe
Tel. 079 41/6 08 70
Lothar Eiermann leitet eines der feinsten deutschen Restaurants und Landhotels in einem schönen barocken Jagdschloß aus dem Jahr 1712. Seine moderne, raffinierte Küche hält sich streng an die französische Haute Cuisine. Äußerst komfortables Hotel mit astronomischen Preisen.

Zirbelstuben/Hotel Victoria
Poststraße 2-4
97980 Bad Mergentheim
Tel. 079 31/59 30
Dieses stilvolle, mittelgroße Hotel ist für sein ausgezeichnetes Restaurant berühmt. Experimentierfreudige, moderne Küche, freundliche Bedienung und erlesene internationale Weinkarte. Bescheidene Preise in Hotel und Restaurant.

EMPFOHLENE ERZEUGER

Amalienhof
Lukas-Cranach-Weg 5
74074 Heilbronn, Tel. 071 31/25 17 35
Der beste Weinberg im Alleinbesitz des Heilbronner Gutes, der Beilsteiner Steinberg, liegt gleich außerhalb der Stadtgrenze. Lemberger und Samtrot manchmal reich und seidig. Sonntags Anmeldung erforderlich.

Burg Hornberg (Baron von Gemmingen-Hornberg)
74865 Neckarzimmern
Tel. 062 61/50 01
Der junge Dajo von Gemmingen leitet das auf Weiße spezialisierte Gut. Riesling, Traminer und Muskateller sind die Besten einer vielfältigen Auswahl. Anmeldung besonders sonntags empfohlen.

Oben: *Ein altes Haus mit Treppengiebel in Lauffen am Neckar.*

Drautz-Able
Faißtstraße 23, 74076 Heilbronn
Tel. 07131/177908
Die Geschwister Richard Drautz und Christel Able leiten dieses Gut am Stadtrand. Neben den eindrucksvoll starken «Jodokus»-Rotweinen aus neuer Eiche machen sie den besten deutschen Sauvignon blanc und gute Dessertweine. Anmeldung empfohlen. Sonntags geschlossen.
Fürst zu Hohenlohe-Oehringen
Im Schloß, 74613 Öhringen
Tel. 07941/94910
In guten Jahrgängen macht Siegfried Röll Württembergs konzentrierteste

Heilbronn wurde in den letzten Monaten des Zweiten Weltkriegs fast völlig zerstört, doch seine einzigartige Kilianskirche, eines der herausragenden historischen Baudenkmäler der Region, blieb erhalten. Am bemerkenswertesten ist der berühmte Turm, in dem früh- und spätgotische sowie Renaissanceelemente ineinander übergehen. Er ist mit Plastiken dekoriert, die eine frappante Ähnlichkeit mit den teufelsartigen Kreaturen von Hieronymus Bosch aufweisen.

Der Großteil der Stadt ist modern und kaum erwähnenswert, doch schon unmittelbar am Stadtrand beginnen die Weingärten. Drautz-Able, Amalienhof und Heinrich sind die führenden Erzeuger. Gerade das kleine Weingut von G. A. Heinrich demonstriert auf anschauliche Weise, welche Kraft und Substanz der Lemberger in Württemberg an den Tag zu legen vermag.

Links: *Das gebieterische Schloß des Fürsten zu Hohenlohe-Oehringen wurde um eine Festung aus dem 15. Jahrhundert herum errichtet.*

Im Sulmtal östlich von Heilbronn findet man eine Reihe der besten regionalen Erzeuger. Nehmen Sie die B 39 von Heilbronn nach Weinsberg unterhalb der Burgruine Weibertreu, wo die älteste deutsche Weinbauschule residiert. Gegründet wurde sie 1868 als Königliche Weinbauschule von Karl von Württemberg. Heute genießt sie als Lehranstalt wie als Weinhersteller höchste Anerkennung. Die vor kurzem in Staatsweingut Weinsberg umbenannte Kellerei produziert das gesamte Spektrum Württemberger Weine, und das auf beständig hohem Niveau, besonders was die Roten betrifft. Nicht weit davon findet man die Weingärtnergenossenschaft Grantschen, eine der besten Kooperativen der Region, die mit dem in neuer Eiche ausgebauten Grandor einen Spitzenroten erzeugt.

Ein paar Dörfer weiter wartet Erich Hirth in Willsbach mit einem völlig anderen, lebhaft-fruchtigen Roten ohne neue Eiche auf. Nach ein paar Kilometern kommt man dann nach Löwenstein mit seiner mittelalterlichen Burgruine. Sie markiert das Ende des Sulmtals und den Beginn der Löwensteiner Berge.

Von hier aus geht es auf Nebenstraßen (über Eschenau und Bretzfeld) nach Verrenberg und zum gleichnamigen Weinberg im Alleinbesitz des Fürsten zu Hohenlohe-Oehringen. Seine herrlichen Keller mit den uralten Holzfässern liegen ein paar Kilometer weiter unter dem Öhringer Schloß aus dem 16. Jahrhundert. Hier werden vor allem Riesling und die üblichen Rotweintrauben verarbeitet. Fürst zu Hohenlohe-Oehringen ist auch Eigentümer des Wald- und Schloßhotels Friedrichsruhe, eines stattlichen Landhaushotels mit einem von Deutschlands größten Restaurants. Das großartige Schloß Friedrichsruhe allein ist, ganz unabhängig von den historischen Städtchen Öhringen und Neuenstein, einen Umweg wert.

trockene Rieslinge von der Gutslage Verrenberg. Die Roten sind meist traditionell, am besten «Ex Flammis Orior» aus neuer Eiche. Anmeldung erforderlich. Samstag nachmittags und sonntags geschlossen.

Graf von Bentzel-Sturmfeder
Sturmfederstraße 4, 74360 Ilsfeld-Schozach, Tel. 071 33/7829
Kleines Gut. Schwerpunkt rote Edeltrauben, v. a. Spätburgunder. Gutgemachte, jedoch unspektakuläre Rote.

Weingärtnergenossenschaft Grantschen
Winzerstraße 7, 74189 Grantschen Tel. 071 34/980 20
Kleine Genossenschaft mit gemischtem Sortiment, u. a. die starken, eichenwürzigen Roten «Grandor» und «SM». Samstag nachmittags und sonntags geschlossen.

G. A. Heinrich
Riedstraße 29, 74076 Heilbronn Tel. 071 31/17 59 48
Kleines Gut mit vielversprechenden Rotweinen, z. T. mit starker Eichenwürze. Am besten Lemberger und «GA 1». Samstag nachmittags und sonntags Anmeldung erforderlich.

Erich Hirth
Löwensteiner Straße 76 74182 Willsbach, Tel. 071 34/3633
Junges Gut mit einigen guten Roten in deutlich fruchtiger Machart. Nur mit Anmeldung.

Kuhnle
Hauptstraße 49, 71384 Strümpfelbach Tel. 071 51/61293
Das kleine Gut ist eine seltene Quelle für preisgünstige trockene Weiße und Rote in einer teuren Gegend. Solider Standard. Nur mit Anmeldung.

Gerhard Leiß
Lennacher Straße 7 74189 Gellmersbach Tel. 071 34/1 43 89
Kleines Familiengut mit einer Reihe reizvoller, gutgemachter trockener Weißer, Rosés und Roter. Anmeldung empfohlen. Sonntags geschlossen.

Staatsweingut Weinsberg
Traubenplatz 5, 74189 Weinsberg Tel. 071 34/50 40
Produziert beständig gute traditionelle und eichenwürzige Rote aus sämtlichen Württemberger Reben. Die trockenen Weißen weniger interessant, aber solider Standard. Wochenends Anmeldung erforderlich.

HEUCHELBERG UND STROMBERG

HOTEL

Elefanten
Bahnhofstraße 12
74348 Lauffen am Neckar
Tel. 071 33/51 23
Ein kleines Hotel in einem Fachwerkhaus der reizenden alten Weinstadt 10 km von Heilbronn entfernt.

RESTAURANT

Zum Schiller
Marktplatz 5, 74321 Bietigheim
Tel. 071 42/4 10 18
Aus der Küche von Regine und Burhard Schorcks Restaurant kommen französische und regionale Gerichte. Angesichts der riesigen, preislich gefälligen Weinkarte ist hier ein angenehmer Abend gesichert.

SEHENSWÜRDIGKEITEN

Besigheim – Eine der attraktivsten Städte Württembergs, zwischen Neckar- und Enztal gelegen. Besonders interessant das mittelalterliche Fachwerkrathaus.
Bietigheim – Sehenswerter, gut erhaltener Ort mit Stadtmauer. Bedeutendste Bauwerke: das Hommoldhaus aus der Renaissance und das untere Tor aus dem 14. Jh.

HEUCHELBERG UND STROMBERG

Das Herz Württembergs bildet das ausgedehnte Hügelland zwischen Heilbronn und Ludwigsburg, das in Nord-Süd-Richtung vom Neckar durchschnitten wird. Die westliche Hälfte wird von den Höhen um Heuchelberg und Stromberg beherrscht. Die besten Weinberge findet man hier an den Südhängen, die den Schutz der bewaldeten Kämme genießen, und im Neckartal.

Doch die Weinberge machen bloß einen Teil der noch unzerstörten ländlichen Gegend aus. Es gibt zwar nur wenige herausragende historische Baudenkmäler, dafür aber eine Fülle von schönen alten Gebäuden in den vielen von Wald, Feldern und Reben umgebenen Orten.

Das Vorzeigegut an den Hängen des Heuchelbergs gehört dem Grafen von Neipperg in Schwaigern westlich von Heilbronn, das man über die B 293 erreicht. Die Rebflächen der Familie liegen fünf Kilometer entfernt auf der anderen Seite des bewaldeten Heuchelbergkamms (folgen Sie den Schildern nach Neipperg). In der Entwicklung der Rebkultur haben die Neippergs schon seit dem Mittelalter eine wesentliche Rolle gespielt. Ihre bedeutendste Tat war die Einführung der Lemberger-Traube aus Österreich kurz nach dem Dreißigjährigen Krieg (1618-1648). Außerdem gehörten sie mit zu den ersten, die Traminer in Württemberg anbauten. Beide Rebsorten sind mittlerweile nicht mehr aus dem hiesigen Weinbau wegzudenken. Der Verwaltungssitz und die Degustationsräume stehen in Schwaigern, doch die Weinberge werden von der Burg Neipperg aus bestellt, einem romanischen Festungsturm aus dem 12./13. Jahrhundert, der über den schmalen Terrassen der ausgezeichneten Schloßberg-Lage thront. Sie wird seit Bestehen der Burg von der Familie kultiviert.

Knapp zehn Kilometer entfernt trifft man auf den schön erhaltenen Ort Bönnigheim, dessen mittelalterliche

Unten: *Weinberge bei Besigheim im Neckartal.*

Oben: *Die steilen Südhänge am Neckarufer profitieren von zwei günstigen Umständen: der langen, intensiven Sonneneinstrahlung und der von der Wasserfläche reflektierten Wärme.*

Stadtmauer mit dem beeindruckenden Torturm im Norden weitgehend unversehrt ist. Die Geschichte der Stadt reicht zurück bis ins 8. Jahrhundert, angelegt aber wurde sie in ihrem heutigen Erscheinungsbild von den Mönchen des Klosters Bebenhausen im ausgehenden 13. Jahrhundert. Aus dieser Zeit stammen auch die ältesten Teile des Alten Schlosses, das heute aber weitgehend im Schatten des barocken Neuen Schlosses mit seinen schönen historischen Gärten steht.

Bönnigheim ist auch die Heimatstadt des neuen Winzerstars Ernst Dautel. Er betreibt sein Gut erst seit knapp 20 Jahren, hat sich aber dennoch bereits als Württemberger Qualitätswinzer etabliert. Dautel machte sich vor allem mit in neuer Eiche gereiften Roten einen Namen.

Gegenüber am Westrand der Region nahe der B 35 liegt das frühere Zisterzienserkloster Maulbronn. Gegründet 1147 und erbaut zwischen dem 12. und 16. Jahrhundert, war es eine der frühesten Zisterzienserabteien in Deutschland. Der gesamte Komplex mit seinen Nebengebäuden (darunter eine Mühle, eine Schmiede und eine Faßbinderei) liegt hinter einer Umfassungsmauer und blieb seit der Säkularisation 1530 praktisch unverändert. In der Reformation wurde hier 1558 auch eine Schule eingerichtet. Hermann Hesse, ein ehemaliger Schüler, beschreibt Maulbronn eingehend in seinem Roman *Unterm Rad*, ohne allerdings die von den Mönchen angelegten Weingärten zu erwähnen. Die «Paradies» genannte Vorhalle der Abteikirche aus dem 13. Jahrhundert ist das älteste Zeugnis in Deutschland für den Übergang von der Romanik zur Gotik.

Maulbronns Weinberge Eilfingerberg und Klosterstück galten lange als mit die besten Lagen der Region; sie gehören heute alleine der Württemberg'schen Hofkammer-Kellerei in Ludwigsburg. Der neue Direktor und Kellermeister des Gutes versucht wieder an frühere Glanzzeiten anzuknüpfen.

EMPFOHLENE ERZEUGER

Dautel
Lauerweg 55, 74357 Bönnigheim
Tel. 071 43/2 17 19
Das kleine, 1978 gegründete Gut von Ernst Dautel liefert mit den eichenwürzigen Spätburgundern und Lembergern bereits die feinsten Roten der Region. Ebenfalls exzellent die trockenen Rieslinge. Anmeldung unbedingt erforderlich.

Graf von Neipperg
Im Schloß, 74190 Schwaigern
Tel. 071 38/50 81
Das mittelgroße Gut produziert durchwegs traditionelle Rote, trockene Weiße und Dessertweine. Riesling und Lemberger sind die wichtigsten Trauben, doch die weißen Muskateller und Traminer sind ebenfalls erstklassig. Anmeldung empfohlen. Samstag nachmittags und sonntags geschlossen.

Der Innenhof (oben) *und die majestätische Vorderfront* (rechts unten) *des Ludwigsburger Schlosses mit seinen 452 Zimmern.*

HEILBRONN BIS LUDWIGSBURG

HOTELS

Adler/Restaurant Symphonie
Stuttgarter Straße 2, 71679 Asperg
Tel. 07141/26600
Modernes Hotel mit kleinen, reizenden Zimmern und freundlichem Service. Reichhaltiges Essen und gute Auswahl an örtlichen und französischen Weinen. Moderate Preise.

Schloßhotel Monrepos
Domäne 16, 71634 Ludwigsburg
Tel. 07141/3020
Ludwigsburgs feinstes Hotel mit Stil, Komfort und entsprechenden Preisen. Ein Barockpalais.

RESTAURANTS

Le Carat
Schweiberdinger Straße 60
71636 Ludwigsburg
Tel. 07141/47600
Vorzügliches Restaurant mit französischen, deutschen und italienischen Anklängen. Umfangreiche Weinkarte mit gemäßigten Preisen.

VON HEILBRONN BIS LUDWIGSBURG

Um die Weinstädte und -dörfer östlich des Neckars zwischen Heilbronn und Ludwigsburg zu erkunden, müssen Sie die Hauptstraßen verlassen und auf Nebenstrecken durch die reizvolle Landschaft fahren. Gleich südlich von Heilbronn liegt der kleine Weinort Flein, den seine Genossenschaft und der Winzerrebell Robert Bauer berühmt gemacht haben. Hier zeigen die Weißweine große Klasse, obwohl man nur ein paar Kilometer weiter bereits wieder durch Rotweinlagen fährt. Beilstein besitzt mit die besten Weinberge in diesem Teil der Region, wie die Weine des Schloßguts Beilstein in der Stadt selbst und vom Amalienhof in Heilbronn dokumentieren. Besonders wohl scheint sich hier die Württemberger Spezialrebe Samtrot zu fühlen, eine Mutation von Pinot noir, aber auch Spätburgunder und Lemberger ergeben Weine mit großem Körper.

Von Beilstein folgen Sie den Schildern zur Burg Schaubeck bei Kleinbottwar, dem Sitz des Gutes von Graf Adelmann. Der Hauptteil der Burg datiert aus dem 13. Jahrhundert. Trotz der Herabwürdigung durch den derzeitigen Grafen zum «mittelalterlichen Bunker» geht von der Burg und ihrem schönen Garten im englischen Stil eine magische Ausstrahlung aus. Der enge Burghof vermittelt einen Hauch von Zeitlosigkeit; durchaus passend, gibt es doch schon seit mindestens tausend Jahren Weinberge in Kleinbottwar. In einem guten Jahrgang strotzen die Rotweine vor Kraft und Struktur. Die trockenen Rieslinge haben eine reiche Frucht und eine frische Säure.

Von Kleinbottwar geht es nach Ludwigsburg, dem Sitz der Herzöge von Württemberg. Im Zentrum der Stadt steht das Schloß, dessen Bau 1704 im Barockstil begonnen worden war. Die Fortführung erfolgte in der Zeit des Rokoko und Neoklassizismus und endete schließlich Anfang des 19. Jahrhunderts. All diese Stile spiegeln sich auch in seinem Interieur, und eine Besichtigung kann sich über Tage hinstrecken. Im Süden schließt sich der barocke Schloßpark an, im Norden der Favorite-Park mit seinem zierlichen Gartenpavillon, in dem böhmische und chinesische Einflüsse eine seltsame Verbindung eingehen. An der Ostseite des Schlosses breitet sich der zauberhafte Märchengarten aus, der seinem Namen alle Ehre macht. Etwas abseits liegt das bescheidener konzipierte Schloß Monrepos, das von der Wucht und Größe der Residenz fast erschlagen wird. Es beherbergt heute das komfortabelste und stilvollste Hotel der Stadt.

Lamm
Hauptstraße 23, 71546 Aspach
Tel. 07191/20271
Ländlicher Kochstil mit französischem Einschlag und ausgezeichnete Weinkarte. Zurückhaltende Preise.

Symphonie
Siehe Hotels: Adler.

EMPFOHLENE ERZEUGER

Graf Adelmann
Burg Schaubeck, 71711 Kleinbottwar
Tel. 07148/6665
Wechselhafte Qualität, doch Michael Graf Adelmann ist ein geschickter Winzer. Seine Abfüllungen «Brüssele'r Spitze» bieten mit die profundesten trockenen Rieslinge und Rotweine der Region. Anmeldung empfohlen. Samstag nachmittags und sonntags geschlossen.

Winzergenossenschaft Flein-Talheim
Römerstraße 14, 74223 Flein
Tel. 07131/59520
Genossenschaft mit trockenen Rieslingen und Kerner. Am besten die Reihe «Sankt Veit». Samstag nachmittags und sonntags geschlossen.

Schloßgut Hohenbeilstein
Im Schloß, 71717 Beilstein
Tel. 07062/4303
Hartmann Dippons gehaltvolle Spätburgunder und Lemberger sehen nur wenig oder gar keine neue Eiche. Anmeldung empfohlen. Samstag nachmittags und sonntags geschlossen.

Links: *In den kleineren Städten und Dörfern zeigen schnörkelige Giebel und vergoldete Filigranarbeiten eine andere Art von architektonischem Reichtum.*

STUTTGART, ESSLINGEN UND UMGEBUNG

HOTELS

Alter Fritz
Feuerbacher Weg 101, 70192 Stuttgart
Tel. 07 11/13 56 50
Stilvolles, kleines Hotel in einer Villa, erbaut Anfang 20. Jh. Für die zentrale Lage auf dem Killesberg anständige Preise.

Am Schloßgarten
Schillerstraße 23, 70173 Stuttgart
Tel. 07 11/2 02 60
Luxushotel, ein paar Meter vom Hauptbahnhof entfernt. Höchster Komfort, adäquate Preise.

Theaterpension Hedda Kage
Pfizerstraße 12, 70184 Stuttgart
Tel. 07 11/24 01 15
Am preisgünstigsten, wenn Ihnen der Sinn nach strengem, modernem Design steht.

Waldhotel Degerloch
Guts-Muths-Weg 18
70597 Stuttgart-Degerloch
Tel. 07 11/76 50 17
Attraktives, preiswertes Hotel in dem grünen Vorort Degerloch.

Waldhotel Schatten
Magstadter Straße
70569 Stuttgart-Büsnau
Tel. 07 11/6 86 70
Mittelgroßes Hotel am Stadtrand; Verbindung aus alt und neu. Komfortabel; Preise wie in der Innenstadt.

Zum Hirschen
Siehe Restaurants.

RESTAURANTS

Délice
Hauptstätterstraße 61, 70178 Stuttgart
Tel. 07 11/6 40 32 22
Beobachten Sie Friedrich Gutschers Soloauftritt in der offenen Küche. Riesige Weinkarte und kenntnisreicher Sommelier. Wochenends geschlossen. Frühe Reservierung erforderlich.

Ochsen
Kirchstraße 15, 71394 Stetten
Tel. 0 71 51/4 20 15
In dem Landgasthof der Familie Schlegel gibt es französisch-deutsche Küche und Weinkarte. Anständige Preise. Anmeldung empfohlen.

Rechts und oben rechts: *Der Schloßplatz und das Neue Schloß. Das 1944 durch Fliegerangriffe zerstörte Schloß wurde restauriert und beherbergt heute moderne Büros.*

STUTTGART, ESSLINGEN UND UMGEBUNG

Stuttgart, bestens bekannt durch seine Maschinenbauindustrie, ist auch eine alte Weinstadt; ihre auffälligen Kontraste bestimmen das Stadtbild der schwäbischen Metropole. Neben der modernen Architektur gibt es eine Reihe von prachtvollen historischen Bauwerken, unter denen das Alte Schloß aus dem 16. Jahrhundert herausragt. Beherrscht von drei wuchtigen Rundtürmen, ist es mit seinen dreistöckigen Arkaden um den Innenhof ein Meisterwerk deutscher Renaissancearchitektur. Den benachbarten Schillerplatz schmückt eine schöne Ansammlung alter Gebäude, darunter die gothische Stiftskirche, der Stiftsfruchtkasten aus dem späten 14. Jahrhundert mit seinen hohen Spitzgiebeln und die Alte Kanzlei.

Zwischen Stuttgart und Leonberg steht als barockes Schmuckstück das Schloß Solitude, umgeben von großzügigen Ländereien. Errichtet zwischen 1763 und 1767 diente es dem Herzog von Württemberg als Schauplatz für seine ausschweifenden Festivitäten. Stilistisch stellt es eine Miniaturkopie der Würzburger Residenz dar. Heute bildet es den ansprechenden Rahmen für ein Restaurant.

Der urbane Zeitgeist findet seinen schönsten Ausdruck in der Neuen Staatsgalerie, die der britische Archi-

Speisemeisterei
Am Schloß Hohenheim
70599 Stuttgart-Hohenheim
Tel. 07 11/4 56 00 37
Essen, Wein und Service entsprechen dem anspruchsvollen Stil des Hauses. Anständige Preise. Reservierung dringend empfohlen.

Wielandshöhe
Alte Weinsteige 71
70507 Stuttgart-Degerloch
Tel. 07 11/6 40 88 48
Küchenchef Vincent Klink serviert raffinierte, kreative Gerichte. Bernd Kreis ist einer der besten Sommeliers in Deutschland. Sehr teuer. Unbedingt zeitig reservieren.

Zum Hirschen
Hirschstraße 1, 70734 Fellbach
Tel. 07 11/9 57 93 70
Neues Lokal in einem Haus aus dem 16. Jh. Michael Pauli verbindet die regionale mit der französischen und italienischen Küche. Auch ein paar reizende Hotelzimmer. Moderate Preise.

SEHENSWÜRDIGKEITEN

Stuttgarter Museen
– **Alte Staatsgalerie**, Konrad-Adenauer-Straße 32, 70173 Stuttgart, Tel. 07 11/2 12 51 08. Gemälde aus dem Mittelalter bis zum 19. Jh. Montags geschlossen.
– **Galerie der Stadt Stuttgart**, Schloßplatz 2, 70173 Stuttgart, Tel. 07 11/2 16 21 88. Deutsche Kunst aus dem 19. und 20. Jh. Montags geschlossen.

Rechts: *Auf dem Schillerplatz die Statue des Dichters, geschaffen 1839 von dem dänischen Bildhauer Thorwaldsen.*

– **Hegel-Haus**, Eberhardtstraße 53, 70173 Stuttgart, Tel. 07 11/2 16 67 33. Leben und Arbeit des Philosophen, dargestellt in seinem Geburtshaus. Montags geschlossen.
– **Mercedes-Benz-Museum**, Mercedesstraße 136, 70327 Stuttgart, Tel. 07 11/1 72 32 56. Automobilschau aus einem Jahrhundert.
– **Neue Staatsgalerie**, Konrad-Adenauer-Straße 30, 70173 Stuttgart, Tel. 07 11/2 12 51 08. Umfangreiche Kunstsammlung aus dem 20. Jh. Montags geschlossen.
– **Porsche-Museum**, Porschestraße 42, 70435 Stuttgart-Zuffenhausen, Tel. 07 11/8 27 56 85. Eindrucksvolle Ausstellung verschiedener Sportwagenmodelle.
– **Weinbaumuseum Uhlbach**, Uhlbacher Platz 4, 70329 Stuttgart-Uhlbach, Tel. 07 11/32 57 18. Kleines Weinmuseum in liebevoll restauriertem Kelterhaus. Außerdem Sammlung römischer Glaswaren. Nur wochenends geöffnet, von April bis Oktober.
– **Württembergisches Landesmuseum**, Schillerplatz 6, 70173 Stuttgart, Tel. 07 11/2 79 34 00. Geschichtliche Zeugnisse der Region aus der Steinzeit. Montags geschlossen.

EMPFOHLENE ERZEUGER

Gerd Aldinger
Schmerstraße 25, 70734 Fellbach
Tel. 07 11/58 14 17
Einige der besten Roten im Bezirk. Spitzenwein ist der in neuer Eiche gereifte «C», doch die Spätburgunder sind auch nicht schlecht. Samstag nachmittags und sonntags Anmeldung erforderlich.

Jürgen Ellwanger
Bachstraße 21, 73650 Winterbach
Tel. 071 81/4 45 25
Die Rotweinspezialisten Jürgen und Sohn Andreas sind Experten des behutsamen Ausbaus im neuen Eichenfaß. Am besten Dornfelder, Zweigelt und «Nicodemus». Samstag nachmittags und sonntags Anmeldung erforderlich.

Karl Haidle
Hindenburgstraße 21
71394 Kernen im Remstal
Tel. 071 51/94 91 10
Führender Weißweinspezialist; am besten die trockenen Rieslinge. Beeindruckend auch bestimmte Dessertweine. Anmeldung empfohlen. Samstag nachmittags und sonntags geschlossen.

tekt James Stirling entworfen hat. Das kühne Gebäude mit seinen schrägen und unregelmäßigen Wänden beherbergt eine eindrucksvolle Sammlung moderner Kunst.

Nur ein paar hundert Meter trennen den Hauptbahnhof beziehungsweise das Alte und Neue Schloß von dem Weinberg Kriegsberg. Die Schwaben lieben ihre Weine, und die Weinberge sind fast schon geheiligtes Land für sie, obwohl sie ihren Reichtum ja in erster Linie der Industrie verdanken. Stuttgarts schönste Weinberge liegen am rechten Neckarufer rund um die Vororte Ober- und Untertürkheim. In dem letztgenannten Ort leben Stuttgarts führende Qualitätsweinhersteller Hans-Peter und Christin Wöhrwag, deren Weißweine bereits zu den besten in Südwürttemberg zählen. Unweit davon in Fellbach steht das Weingut Aldinger, dessen Stärke moderne, in neuer Eiche gereifte Rotweine sind.

Weitere bedeutende Hersteller findet man im Tal der Rems. Dorthin gelangt man, wenn man die Stadt auf der B 14 in Richtung Schwäbisch Gmünd verläßt und dann

die Ausfahrt Weinstadt nimmt. In Kernen residiert der beste Weißweinerzeuger im Remstal, Karl Haidle, dessen Gut unterhalb der Yburg-Schloßruine steht.

Das Gut der Familie Kuhnle befindet sich im nahen Strümpfelbach. Knapp zehn Kilometer weiter oben im Tal liegt Winterbach mit dem Gut von Jürgen Ellwanger. Hier bietet sich die seltene Gelegenheit, einen Blauen Zweigelt außerhalb seiner Heimat Österreich zu genießen.

Südlich von Stuttgart liegt am rechten Neckarufer Esslingen, eine der ältesten deutschen Städte, deren Existenz sich bis in das Jahr 866 zurückverfolgen läßt. Vier bedeutende Gotteshäuser prägen sein Zentrum. Die beiden Spitzen der Stadtkirche ragen deutlich sichtbar aus seiner Skyline heraus. Teile dieses erhabenen Bauwerks sind romanischen, das meiste jedoch frühgotischen Stils. Die gotische Dominikanerkirche, im Vergleich dazu ein hübsches Schmuckkästchen, stammt ursprünglich aus dem späten 13. Jahrhundert. Mindestens genauso alt sind die Grundmauern der Franziskanerkirche St. Georg; der Großteil der heutigen Bausubstanz geht auf das 15. Jahrhundert zurück. Dem Gebäude fehlt jenes schwungvolle Schnörkeldekor, das die Frauenkirche ziert.

Ein Teil der erhaltenen Verteidigungsanlagen umgürtet den kleinen Weinberg Burgberg an einem steilen Hang am Nordrand der Altstadt. Und weil der Großteil der Befestigungsmauer schon lange verschwunden ist, sieht es so aus, als ob der vorhandene Rest lediglich zur Verteidigung der Reben errichtet worden sei – nur ein Eindruck, aber einer, der zu der tiefen Verbundenheit der Schwaben zu ihren Weinen paßt.

Oben: *Weingärten an den Hängen der Wurmlinger Kapelle bei Tübingen.*

Unten: *Jede Rebzeile ist so angelegt, daß die Ausrichtung des Weinbergs am besten genutzt wird.*

Albrecht Schwegler
Steinstraße 35, 71404 Korb
Tel. 07151/34895
Minigut mit vollen, starken Roten (Zweigelt/Lemberger/Merlot-Verschnitte), u. a. der konzentrierte «Granat». Anmeldung erforderlich.

Sonnenhof (Bezner-Fischer)
71665 Vaihingen-Gündelbach
Tel. 07042/21038
Manch solide Lemberger und Spätburgunder, z. T. sehr eichenwürzig. Anmeldung empfohlen. Sonntags geschlossen.

TÜBINGEN, ROTTENBURG UND REUTLINGEN

HOTELS

Domizil
Wöhrstraße 5-9, 72072 Tübingen
Tel. 07071/1390
Dieses ausnehmend stilvolle, moderne Hotel am Neckar gewährt eine wunderbare Sicht auf die Altstadt. Angesichts der Lage bescheidene Preise.

Krone
Uhlandstraße 1, 72072 Tübingen
Tel. 07071/31036
Hinter der jahrhundertealten Neurenaissancefassade bietet man Komfort im traditionellen Stil. Moderate Preise.

TÜBINGEN, ROTTENBURG UND REUTLINGEN

Württembergs südlichste Weinberge erstrecken sich um die Städte Tübingen und Rottenburg im oberen Neckartal und nahe Reutlingen. Die Weine sind zwar nicht gerade umwerfend, im Gegensatz zur Architektur der Städte.

Die attraktivste Anfahrt nach Tübingen führt von Stuttgart aus über die B 27 durch den dicht bewaldeten Naturpark Schönbuch. Sechs Kilometer vor Tübingen trifft man auf das kleine Bebenhausen mit seinem imposanten ehemaligen Zisterzienserkloster. Die Mönche, die es im Jahr 1187 gründeten, bewiesen einen Blick für das Idyllische, denn die bewaldeten Hügel geben einen vollkommenen Rahmen für das Kloster und seine hübsche Kirche ab. Nach der Reformation wurde es 1535 eine protestantische Schule. Seit jenem Zeitpunkt hat man an dem weitläufigen romanisch-gotischen Komplex nichts Wesentliches mehr verändert. Der wunderschöne Filigranturm der Kirche aus dem frühen 15. Jahrhundert ist ein Meisterwerk mittelalterlicher Steinbauweise, das trotz des schweren Materials einen Eindruck von Transparenz und Leichtigkeit vermittelt. Herrlich sind auch die Buntglasfenster aus dem 14. und 16. Jahrhundert sowie die Fresken aus dem frühen 15. Jahrhundert.

Eine schönere Lage als die der alten Stadt Tübingen auf einer langestreckten Anhöhe direkt über dem Neckar kann man sich kaum mehr vorstellen. In ihrem Zentrum steht die schöne gotische Stiftskirche. Mit ihrem Bau begann man ausgangs des 15. Jahrhunderts, die Fertigstellung mit der Krönung des Turms erfolgte 1529. Die

Unten: *Die Flußseite der Stadt lockt viele Besucher an. In den Sommernächten ist der Neckar von laternenbeleuchteten Booten bevölkert.*

Oben: *Montags, mittwochs und freitags herrscht auf dem alten Tübinger Marktplatz ein reges Treiben.*

Kirche birgt die mit feinen Skulpturen aus dem 16. und 17. Jahrhundert geschmückten Gräber vieler Württemberger Fürsten. In der Nähe steht auf dem Marktplatz das Renaissancerathaus von 1435 mit seiner interessanten astronomischen Uhr. Das Innere mit den Fresken des einheimischen Malers Jakob Züberlin aus dem Jahr 1586 ist noch beeindruckender als die Fassade. In den engen Straßen und Gassen im Norden des Markts drängen sich viele reizvolle Fachwerkhäuser. An der Stelle der ursprünglichen Burg, die urkundlich erstmals 1078 erwähnt wurde, steht heute das Schloß Hohentübingen. Der Bau aus der ersten Hälfte des 15. Jahrhunderts ist ein großartiges Beispiel der Renaissancebaukunst. Von dem Schloßgelände hat man einen wunderschönen Blick über den Neckar und die Gärten um die berühmte Platanenallee auf einer Flußinsel.

Knapp zehn Kilometer weiter südwestlich liegt die alte Stadt Rottenburg. Abschnitte ihrer Stadtmauer sind noch erhalten, darunter das Kalkweiler Tor und die Brükke auf dem linken sowie das Kapuzinertörlein auf dem rechten Neckarufer. Der bei einem Feuer 1644 teilweise zerstörte Dom St. Martin stellt eine Mischung aus mittelalterlicher und Renaissancearchitektur dar. Ebenfalls sehenswert sind die Wandmalereien aus dem 15. und 16. Jahrhundert sowie die prächtigen Grabskulpturen aus dem 14. Jahrhundert in der St.-Moritz-Kirche.

Von Tübingen nimmt man die B 28 nach Reutlingen. Hier hat vor allem die elegante gotische Marienkirche aus dem Jahr 1343 die Zerstörung der Stadt 1945 überstanden.

RESTAURANTS

Krone
Brunnenweg 40, 72658 Bempflingen
Tel. 071 23/3 1083
Marina und Werner Veits preiswertes Restaurant 5 km nördlich von Metzingen bietet v. a. gute Fischgerichte. Weinkarte mit feiner lokaler und internationaler Auswahl.

Schönbuch
Lichtensteiner Straße 45
72124 Pliezhausen
Tel. 071 27/9750
Das sehr populäre, idyllisch gelegene Lokal bietet Abendessen vor der Kulisse der Schwäbischen Alb. Gute internationale Küche. Moderate Preise.

Vinothek en Ville
Oberamteistraße 27, 72764 Reutlingen
Tel. 071 21/33 02 90
Weinlokal mit internationaler Karte und gutem, einfachem Essen.

Waldhorn
Schönbuchstraße 49
72074 Bebenhausen
Tel. 07071/6 1270
Ulrich Schillings Restaurant unweit des früheren Zisterzienserklosters lockt die Württembergreisenden nach Tübingen. Seine vielfältige, feine Küche kostet Zeit und Geld.

Franken

Kultur und Weine haben sich in Franken völlig anders entwickelt als in den angrenzenden Regionen des Rhein- und Moseltals. Von allen Seiten durch Höhenzüge eingeschlossen, lebten die Franken über lange Zeit in einer gewissen kulturellen und politischen Isolation – oder auch Eigenständigkeit. Von 1253 bis zur napoleonischen Zeit, als es Bayern zugeschlagen wurde, war Franken ein unabhängiges Fürstentum, das von den Fürstbischöfen Würzburgs regiert wurde. Ein starkes Selbständigkeitsgefühl haben sich die Franken bis heute bewahrt.

Franken war schon immer ein Land der trockenen Weine. Die Region griff in den sechziger und siebziger Jahren zwar den Trend zum Süßwein auf, allerdings eher tendenziell als prinzipiell, was viel über das Traditionsbewußtsein der hiesigen Winzer aussagt. Gleiches gilt auch für Bayerns Weintrinker, die immer noch die Hauptabnehmer der Frankenweine darstellen.

20 Prozent aller Weinberge sind von der traditionellen Silvaner-Traube belegt. Die trockenen, reichen und würzigen Tropfen aus den Spitzenlagen wurden von Hugh Johnson mit dem Grand cru Chablis verglichen. Weine dieser Art hatte man im 17. und 18. Jahrhundert, als auch viele der hiesigen architektonischen Meisterwerke entstanden, unter dem Namen «Steinwein» vertrieben. So anerkannt war der Steinwein letztlich, daß er von dem Gut Bürgerspital 1718 in die unförmigen Bocksbeutelflaschen abgefüllt wurde, um seine Echtheit zu garantieren. Heute ist das die Standardform der fränkischen Flaschen, die freilich überall auf der Welt imitiert wurde. Das bekannteste Beispiel dafür ist der Mateus Rosé.

Die Hälfte der fränkischen Rebflächen ist mit Müller-Thurgau bestockt, einer Rebe, die hier charaktervollere Weine liefert als in den meisten anderen Regionen. Die noch relativ neue Einführung von minderwertigeren Sorten wie Bacchus, Perle und Ortega wird mittlerweile

Links: *Weinberge kurz nach der Lese oberhalb des Wehrstädtchens Sommerhausen.*

Oben: *Einheimischer Wein in den traditionellen Bocksbeutelflaschen auf einem Markt.*

Franken

Oben: *Eine von 12 massiven Heiligenfiguren aus Sandstein, die man 1730 auf der Würzburger Mainbrücke aufgestellt hat.*

von vielen Winzern bedauert; die besten Güter trennen sich derzeit wieder von diesen Reben, die den heutigen Ansprüchen nicht genügen.

Die Riesling-Traube beansprucht lediglich 200 der insgesamt 6 000 Hektar Rebflächen in Franken. Das vorwiegend kontinentale Klima erlaubt nicht mehr. So kommt es oft zu dramatischen Temperaturstürzen, die solch spät reifenden Trauben schwer zusetzen, so daß man ihren Anbau auf die günstigsten Lagen beschränken muß.

Das Ergebnis ist im allgemeinen ein fester, gehaltvoller Wein mit einer Erdigkeit, die man von deutschen Rieslingen ansonsten nicht gewöhnt ist. Die fränkischen Winzer zogen unter diesen Umständen eine Konkurrenztraube heran, den relativ engen Verwandten Rieslaner, den sie selbstbewußt «Superriesling» nannten. Wer die deutschen Auslesen, Beerenauslesen, Trockenbeerenauslesen und Eisweine nur von Rhein und Mosel kennt, muß sich in Franken auf einen weniger süßen, aber alkoholstärkeren Wein gefaßt machen.

Auf den ersten Blick scheint die fränkische Weinproduktion auf ein paar berühmte Güter und einige große Genossenschaften beschränkt zu sein; doch daneben gibt es auch viele interessante Kleinwinzer. Ihr geringer Bekanntheitsgrad ist paradoxerweise oft das Ergebnis wirtschaftlichen Erfolgs. Franken hat nämlich ob seiner Traditionsgebundenheit einen guten Namen und kann seine Weine unschwer zu saftigen Preisen verkaufen. So entdeckt man denn auch kaum irgendein Schnäppchen hier.

ASCHAFFENBURG

HOTELS

Post
Goldbacher Straße 19-21
63739 Aschaffenburg
Tel. 06021/3340
Komfortables, mittelgroßes Hotel im Zentrum; Bahnhofsnähe. Sauna und Schwimmbecken im Haus. Ordentliche Preise.

Sonne
Siehe Restaurants.

Die Weyberhöfe
Nahe der B 26
63877 Aschaffenburg-Sailauf
Tel. 06093/9400
Elegantes, kleines Hotel in einem Landhaus aus dem 16. Jh., 5 km vor Aschaffenburg. Preiswert.

Wilder Mann
Löherstraße 51, 63739 Aschaffenburg
Tel. 06021/3020
Mittelgroßes Hotel in attraktivem Altstadthaus aus dem 16. Jh. Moderate Preise.

ASCHAFFENBURG UND UMGEBUNG

Viele der besten Weinberge Frankens liegen im Maintal. Man braucht also nur dem Fluß zu folgen, um die Weine der Region kennenzulernen. Beginnt man in Mainz, am Zusammenfluß von Rhein und Main, stößt man zunächst auf die «Rebeninsel» Hochheim im Rheingau. Die ersten fränkischen Rebstöcke tauchen unmittelbar hinter dem ausgedehnten Ballungsraum Frankfurt auf.

Die einfachste Route ist die Autobahn A 3, die vom Süden Frankfurts nach Aschaffenburg führt. Durch die Nähe zum Rhein gehörten Aschaffenburg und dieser Abschnitt des Maintals bis nach Miltenberg jahrhundertelang zum Herrschaftsbereich der Fürstbischöfe von Mainz. Die Stadt wird überragt von dem großen Schloß Johannisburg am Mainufer, dessen massive rote Sandsteinfassade mit den fünf Türmen seit der Fertigstellung des Bauwerks 1614 das städtische Wahrzeichen darstellen. Von innen wurde das Schloß Ende des 18. Jahrhunderts im neoklassizistischen Stil restauriert. Heute sind hier die Kollektion von Renaissance- und Barockgemälden der Schloßgalerie sowie die Hofbibliothek untergebracht.

Oben: *Ein altes Wirtshausschild mit der traditionellen fränkischen Bocksbeutelflasche.*

Links: *Von solch einem Aussichtspunkt hat man einen Blick über die wunderschönen Parkanlagen Aschaffenburgs. Gleichzeitig sieht man in der Ferne die Frankfurter Industriezentren.*

Ganz links: *Sonnenuntergang über den Weinbergen Sommerhausens.*

Die Ursprünge der Stiftskirche St. Peter und Alexander, ein paar hundert Meter weiter im Zentrum der Altstadt, gehen auf ein im 9. Jahrhundert gegründetes Benediktinerkloster zurück. Der Großteil der Stiftskirche und der sie umgebenden Gebäude stammt aus dem 12. und 13. Jahrhundert; besonders schön ist der spätromanische Kreuzgang. Darüber hinaus wird man an der Konstruktion alle Baustile bis Anfang des 19. Jahrhunderts entdecken, als Napoleon den Staat Kurmainz auflöste.

In der Nähe des Schlosses steht am Mainufer das Pompejanum, das König Ludwig I. von Bayern in den vierziger Jahren des 19. Jahrhunderts zur Unterbringung seiner Sammlung römischer Kunstschätze errichten ließ. Den einzigartigen neoklassizistischen Komplex entwarf der Architekt Friedrich von Gärtner nach dem Vorbild der Ausgrabungen von Pompeji.

Nördlich von Aschaffenburg liegen Frankens westlichste Weinberge, darunter auch der schönste in dieser Region, der Hörsteiner Abtsberg im Alleinbesitz des Staatlichen Hofkellers in Würzburg. Hier ist die wärmste Ecke Bayerns; gemeinsam mit dem Urgesteinsboden schafft das Klima die idealen Bedingungen für den Riesling.

RESTAURANTS

Hessler
Am Bootshafen 4
63477 Maintal-Dömigheim
Tel. 06181/43030
Küchenchefin Doris-Katharina Hessler und ihr Mann und Partner Ludwig schufen aus dem Nichts dieses bemerkenswerte Restaurant östlich von Frankfurt. Ein Platz für jemand, der gewagte Kombinationen und geschmackliche Kontraste liebt. Sein Geld wert, wenn die Küche ins Schwarze trifft.

Ölmühle
Im Markthof 2, 63776 Mömbris
Tel. 06029/8001
12 km nordöstlich von Aschaffenburg. Der höchst kreative Küchenchef Andrej Kuhar ist ein Perfektionist, wenn es um die Qualität seiner Zutaten geht. Sehr gute Weinkarte. Faire Preise.

Sonne
Hauptstraße 2, 63867 Johannesberg
Tel. 06021/470077
8 km nördlich von Aschaffenburg. Rita und Friedel Meier führen dieses Restaurant in einem schönen Landhaus aus dem frühen 19. Jh. Raffinierte Küche zu anständigen Preisen. Die wenigen Hotelzimmer sind einfach, aber gemütlich. Sehr ruhiger Standort.

Oben: *Vogelschutznetze für die Silvaner-Reben in der Nähe von Ochsenfurt.*

Rechts: *In Wertheim gibt es am Ufer der Tauber, die hier in den Main fließt, viele alte Fachwerkhäuser.*

MAINTAL: VON ERLENBACH BIS WÜRZBURG

Die bedeutendsten Weinberge in diesem Teil Frankens liegen im Süden Aschaffenburgs. Man erreicht sie über die zweispurige B 469 Richtung Obernburg, wo man sich in eine andere Zeit zurückversetzt fühlt.

Von Obernburg hat man eine schöne Sicht auf die steilen Weinberge von Erlenbach und Klingenberg (mit seiner Burgruine) auf der anderen Seite des Mains. Leider nutzt derzeit niemand das unbestreitbare Potential dieser Lagen; lediglich aus dem städtischen Gut Erlenbach kommen ein paar gute Weine. Auf dem Gut Rudolf Fürst im nahen Bürgstadt führt Winzer Paul Fürst vor, wie sich die einzigartige Kombination von Bodenbeschaffenheit und Mikroklima umsetzen läßt. Im Schutz der umliegenden Höhen genießt das kleine Bürgstädter Becken ein wärmeres Klima, als es in den großen Weinbergen Würzburgs oder des Steigerwalds herrscht. Darum ist das hier der günstigste Winkel zum Anbau von Rotwein, der in seinen besten Versionen den leichteren roten Burgundern von Savigny-lès-Beaune und Chorey-lès-Beaune gleicht.

Der Sandsteinboden begünstigt auch die Erzeugung delikat aromatischer Weißweine, insbesondere von Rieslingen, die hier leichter ausfallen als anderswo in Franken. Die feinsten Roten und Weißen entstammen den terrassierten Hängen der Lage Klasse I Centgrafenberg in Bürgstadt. Der karge Steinboden aber macht sie zu «Spätentwicklern», mit denen man Geduld haben muß. Bürgstadt ist mittlerweile ein Vorort der schönen, alten Stadt Milten-

MAINTAL: ERLENBACH BIS WÜRZBURG

HOTELS

Hotel Anker
Obertorstraße 6-8
97828 Marktheidenfeld
Tel. 09391/60040
Ein kleines, komfortables Hotel mit persönlichem Service. Unter der Leitung der Familie Deppisch.

Landhotel Schafhof/ Benediktinerstuben
Im Otterbachtal, 63916 Amorbach
Tel. 09373/97330
Restaurant: 09373/8088
Exzellentes, ruhiges Hotel 3 km außerhalb des Ortes in einem früheren Benediktinerkloster von 1720. Außerordentlich, trotzdem gemäßigte Preise.

Schweizer Stuben
Siehe Restaurants.

Weinhaus Stern
Hauptstraße 23-25, 63927 Bürgstadt
Tel. 09371/2676
Kleines Hotel und Restaurant. Reizende Zimmer, ausgezeichnete moderne deutsche Küche und edle Weinkarte mit Produkten aus Franken und der ganzen Welt. Nicht teuer.

RESTAURANTS

Altes Bannhaus
Hauptstraße 211, 63897 Miltenberg
Tel. 09371/3061
Wolf-Dieter Golzes moderne Küche mit regionalem Einschlag ist beständig gut. Angenehme Preise. Ein paar sehr komfortable Hotelzimmer.

Schweizer Stuben/
Taverna la Vigna/Schober
Geiselbrunnweg 11
97877 Wertheim-Bettingen
Tel. 09342/3070
Andreas Schmitts Schweizer Stuben gehören seit langem zu Deutschlands besten Restaurants. Küchenchef Fritz Schilling interpretiert die provenzalische Küche mit reinen, intensiven Aromen und Geschmacksrichtungen. Sommelier Pedro Sandvos handhabt eine riesige Weinauswahl. In der Taverna la Vigna serviert man feinstes italienisches Essen und vorwiegend italienische Weine. Schober bietet ländliches Essen auf höchstem Standard. Auch ein kleines, sehr stilvolles, modernes Hotel. Die Qualität hat natürlich ihren Preis. Frühe Reservierung erforderlich.

Weinhaus Stern
Siehe Hotels.

Winzerstübchen
Bergwerkstraße 8, 63911 Klingenberg
Tel 09372/2650
Ingo Hollands äußerst kreative Küche mit geschickt integrierten asiatischen Gewürzen. Die benachbarte Weinstube bietet lokale Gerichte zu moderaten Preisen.

SEHENSWÜRDIGKEITEN

Amorbach – Die Abtei von Amorbach wurde 1803 säkularisiert. Als Besitzer unternahmen die Fürsten zu Leiningen große Anstrengungen, die Gebäude in eine neoklassizistische Residenz zu verwandeln. Bestimmte Räume sind äußerst eindrucksvoll; am bemerkenswertesten der Grüne Saal und die Bibliothek.

Karlstadt – Ein prächtiges spätgotisches Rathaus von 1422, Innenräume zumeist aus dem frühen 17. Jh. Viele andere schöne alte Gebäude in den engen Straßen, die strahlenförmig vom Marktplatz abgehen.

berg, die aus einer Befestigungsanlage an der Nordgrenze des römischen Reiches hervorgegangen ist. Seine engen Straßen säumen nicht weniger als 150 herrliche Fachwerkhäuser, darunter auch das «Riesen»-Haus, wohl das älteste Gasthaus Deutschlands. Die heutige Bausubstanz stammt aus dem Jahr 1590, doch das Gebäude ist schon 1411 urkundlich belegt. Typisch für den hiesigen Baustil, ist das Erdgeschoß aus dem lokalen Sandstein erbaut.

Fahren Sie weiter nach Wertheim und dann das Tal entlang. Der Fluß bildet die Grenze zwischen den Bundesländern Bayern und Baden-Württemberg. Wertheim ist badisch, Kreuzwertheim am gegenüberliegenden Mainufer bayerisch. Unter den vielen schönen alten Gebäuden Wertheims befindet sich auch das Zobelhaus, das schmalste Fachwerkhaus Frankens.

Am besten bekannt ist Wertheim den Feinschmeckern durch die großartigen Schweizer Stuben von Andreas Schmitt. Obwohl auf der anderen Seite der Grenze in Baden liegend, identifiziert sich das Lokal seit jeher mit der Weinregion Franken (man braucht nur die erstaunliche Weinkarte anzusehen). In einer Gegend, in der gastronomische Glanzlichter eher selten sind, haben sich die Schweizer Stuben in einem Vierteljahrhundert zu einer Institution gemausert.

Der Homburger Kallmuth ist der letzte große und landschaftlich schönste Weinberg in diesem Talabschnitt. Einen guten Blick auf ihn hat man von der Autobahn A 3, dort wo sie zwischen Wertheim und Homburg den Main überquert. Der steil aufragende Hang mit seinen massiven Rebterrassen liefert derart fruchtige Silvaner (mit

einem typischen Aroma von reifen Melonen), wie man sie in der Region nicht noch einmal findet. Die führenden Hersteller sind Fürst Löwenstein in Kreuzwertheim und Josef Deppisch in Erlenbach bei Marktheidenfeld.

In Homburg wendet sich der Main nordwärts und schlängelt sich nach Gemünden. Hier tauchen wieder Weinberge auf, während der Main nun Richtung Würzburg fließt. Die besten Rebhügel zwischen Gemünden und Würzburg erheben sich bei Thüngersheim.

Mespelbrunn – Schloß Mespelbrunn ist ein schön erhaltenes Wasserschloß in später Gotik und Renaissance im waldreichen Spessart.
Schloß Veitshöchheim – Die Sommerresidenz der Fürstbischöfe von Würzburg, 7 km vom Stadtzentrum entfernt. Wenig Weinberge wegen des kühleren Klimas. Ursprüngliche Konstruktion Ende 17. Jh. von dem italienischen Barockarchitekten Antonio Petrini. Balthasar Neumann fügte in der ersten Hälfte des 18. Jhs. die pavillonartigen Querflügel und das imposante Rokokotreppenhaus an; außerdem legte er in dem kleineren See eine künstliche Insel an.

EMPFOHLENE ERZEUGER

Josef Deppisch
An der Röthe 2
97837 Erlenbach bei Marktheidenfeld
Tel. 09391/2121
Angesehene trockene Silvaner und Müller-Thurgau; Spezialität: Traminer und Rieslaner. Wochenends Anmeldung erforderlich.

Rudolf Fürst
Hohenlindenweg 46, 63927 Bürgstadt
Tel. 09371/8642
Seit der Übernahme des Guts 1975 produziert Paul Fürst exzellente trockene Rieslinge, vielleicht die elegantesten der Region. Seine reichen, faßvergorenen Weißburgunder und komplizierten Spätburgunder machten Schlagzeilen. Scheurebe, Rieslaner und Spätburgunder ebenfalls superb. Anmeldung erforderlich. Sonntags geschlossen.

Fürst Löwenstein
Rathausgasse 5, 97892 Kreuzwertheim
Tel. 09342/6505
Vielleicht noch nicht auf früherem Niveau, aber die traditionellen trokkenen Silvaner von der Lage Klasse I Kallmuth sind sehr gut. Anmeldung erforderlich. Samstag nachmittags und sonntags geschlossen.

Städtisches Weingut Erlenbach
Klingenberger Straße 29
63906 Erlenbach am Main
Tel. 09372/70461
Kleines Gut, bekannt für roten Spätburgunder; mittelmäßige Weiße. Anmeldung erforderlich. Samstag nachmittags und sonntags geschlossen.

Oben: *Traubenpflücker bei einer wohlverdienten Pause. Sie trinken wohl auf den Erfolg ihrer Müller-Thurgau-Ernte.*

Links: *Schlanke Pappeln säumen den Uferstreifen der Stadt Ochsenfurt am Main.*

Links: *Die Festung Marienberg, ursprünglich eine mittelalterliche Burg aus dem 13. Jahrhundert, wurde gegen 1600 zu einem Renaissanceschloß umgebaut. Darunter erstreckt sich der Weinberg Klasse I Innere Leiste.*

Franken: Maindreieck

6
7
8
9
10
A
B
C
D
E
F
G
H
I
N
Kolitzheim
HÖLL
ESELSBERG
SCHLOSSPARK
Gaibach
KAPELLENBERG
Ober-
Eisenheim
SONNENBERG
Untereisenheim
Giesshügel
HEILIGENBERG
Eichelberg
266
Frankenwinheim
Stetten-
mühle
265
Schiffmühle
Fahr
RATSHERR
Obervolkach
SONNEN-
LEITE
Kaltenhausen
250
LANDSKNECHT
Schwanfeld
Elgersheim
PFORTE
Main
Volkach
250
KARTHÄUSER
Rimbach
Prosselsheim
LUMP
Escherndorf
Volkach
BERG
Astheim
318
KREUZBERG
FÜRSTENBERG
Prosselsheimer
Holz
Nordheim
am Main
SCHLOSSBERG
Lohholz
297
Köhler
VÖGELEIN
Kreuzberg
Hallburg
Mainkanal
Strehlhof
Seligenstadt
Neusetz
287
Eichfeld
ROSENBERG
294
Engelsberg
247
Stadel-
schwarzach
Mühlberg
KATZENKOPF
Schnepfenbach
GLATZEN
Sommerach
Dimbach
Schernau
ROSENBERG
Oberer
Laub
Neuses
am Berg
Leitenberg
Forst
22
Prichsen-
stadt
277
Dettelbach
Brück
Gerlachshausen
Unterer
Reupelsdorf
Schernauer Höhe
Lamprechtsmühle
SONNENLEITE
Gde Schwarzach
am Main
Schwarzach
Schwarzenau
276
Dettelbach
Düllstadt
Michelheidewald
Doktorsmühle
Castellbach
235
BERG-
RONDELL
Wiesentheid
Bibergau
22
Hörblach
Atzhausen
Josefshöhe
Mainsondheim
Rosenberg
Sambach
REBFLÄCHEN
Stephansberg
Haidt
A3
Feuerbach
A3
HERRGOTTSWEG
Nürnberg
250
Mainstockheim
Klosterforst
Kleinlangheim
Albertshofen
Weidenmühle
HOFSTÜCK
200
200
Buchbrunn
190
WUTSCHENBERG
Grosslangheim
HEISSER
STEIN
Wiesbach
Wiesenbronner Höhe
Repperndorf
255
Weidenmühle
KAISER
KARL
ESELSBERG
Bimbach
Wiesenbronn
WILHELMSBERG
GEISSBERG
Rödelbach
EHERIEDER
BERG
300
Etwashausen
KILIANSBERG
WACHHÜGEL
Eheriedermühle
Kitzingen
Siedlung
Fröhstockheim
SCHWANLEITE
Hoheim
Rödelsee
Schwanberg
Frohnberg
8
KÜCHENMEISTER
Klingen-
wald
243
STORCHEN-
BRÜNNLE
JULIUS-
ECHTER-
BERG
474
Kirchberglein
348
Mainbernheim
Sickershausen
CYRIAKUSBERG
Hohenfeld
KRONSBERG
Sulzfeld am
Main
241
Gumpertsmühle
Iphofen
MAUSTAL
KALB
Vogelgesangberg
413
Michelfeld
Main
Marktsteft
Geiersberg
278
VOGELSANG
Markt Einersheim
SONNENBERG
Willanzheim
Landthurm
Grosses
Mühlholz
PFAFFENSTEIG
DOMHERR
Neustadt
a.d. Aisch
Domherrnmühle
Segnitz
REBFLÄCHEN
ZOBELSBERG
277
1:123 500
SONNENBERG
Km 0
2
4
Marktbreit
Tiefenstock-
heim
Breitbach
Miles 0
1
2
KANZEL
STIEFEL
Gollhofen
Obernbreit

WÜRZBURG

HOTELS

Maritim Hotel
Pleichertorstraße 5, 97070 Würzburg
Tel. 0931/30530
Großes komfortables, modernes Hotel; zentrale Lage am Mainufer. Sehr teuer.

Rebstock
Siehe Restaurants.

Schloß Steinburg
Auf dem Steinberg
97080 Würzburg-Unterdürrbach
Tel. 0931/93061
Von dieser schönen Villa 6 km nordwestlich vom Zentrum genießt man einen wundervollen Blick auf die berühmte Würzburger Lage Stein und die Festung Marienberg. Viele Räume sind mit Antiquitäten ausgestattet. Moderate Preise.

Walfisch
Am Pleidenturm 5, 97070 Würzburg
Tel. 0931/50055
Kleines traditionelles, familiengeführtes Hotel in zentraler Lage am Main. Zurückhaltende Preise.

RESTAURANTS

Bürgerspital zum Heiligen Geist
Siehe Empfohlene Erzeuger.

WÜRZBURG

Würzburg ist eine der großen Weinstädte Europas. Seine prächtigen Baudenkmäler künden von dem Reichtum und der Macht, die hier über viele Jahrhunderte konzentriert waren. Wein war immer schon ein bedeutender Faktor im Kulturleben der Stadt, das sich um die Würzburger Fürstbischöfe drehte. In der Residenz, einem der großen Meisterwerke des Rokokoarchitekten Balthasar Neumann, symbolisiert sich diese dynamische Verbindung. Glanz und Pracht des Kaisersaals sind hinlänglich bekannt, ebenso die atemberaubende Schönheit von Tiepolos Fresken, doch nicht weniger beeindruckend präsentieren sich die grottenartigen Weinkeller unter diesen Räumen (heute Teil des Staatlichen Hofkellers).

Die zwischen 1720 und 1744 erbaute Residenz ist von weitläufigen Gärten, einem gut erhaltenen Stück der Würzburger Befestigungsanlage und dem riesigen Residenzplatz eingerahmt, der an die 167 Meter lange Fassade anschließt. Die Residenz ist ein steinernes Sinnbild für den Pomp und Prunk jener Zeit – besonders der Kaisersaal und die Hofkirche –, und ihre Besichtigung gibt Aufschluß über Frankens Kultur und Geschichte. Für Kenner der Kunst und Architektur des 18. Jahrhunderts ist dieses großartige Bauwerk unbedingt eine Reise wert. Wie ein Großteil der Stadt wurde auch die Residenz in den letzten Monaten des Zweiten Weltkriegs schwer beschädigt,

in den folgenden Jahrzehnten aber wieder akribisch nach dem ursprünglichen Vorbild restauriert.

Vor dem Bau dieses gewaltigen Gebäudes herrschten die Fürstbischöfe von der trutzigen Festung Marienberg am anderen Mainufer über das Gebiet. Ihr ältester Teil ist die romanische Marienkirche aus dem Jahr 706. Die Bauten um die Kirche herum nahmen etwa im Jahr 1200 feste Umrisse an. Es waren turbulente Zeiten damals – mit Bauernaufständen in den Jahren 1308, 1400, 1476 und 1525 –, und die immer weiter ausufernden Befestigungen dienten den Fürstbischöfen eher zum Schutz vor den eigenen Untertanen als vor Eindringlingen. Heute hat sich in der Festung das Mainfränkische Museum mit seinen schönen Sammlungen von gotischer und Renaissancekunst, darunter die berühmten Statuen Adam und Eva von Tilmann Riemenschneider, einquartiert. Mit der Besichtigung des gesamten Komplexes kann man leicht einen ganzen Tag zubringen. In dem gotischen Zimmer ist die älteste funktionierende Uhr der Welt aus dem Jahr 1350 ausgestellt, und vom Fürstengarten aus hat man einen herrlichen Blick auf Würzburg. Unterhalb der Festung Marienberg liegt der Weinberg Klasse I Innere Leiste, dessen Erzeugnisse zu den besten der Region gerechnet werden.

Zurück zum Stadtzentrum kommt man über die Alte Mainbrücke aus dem Jahr 1133, ein weiteres Wahrzeichen der Stadt, das mit Barockskulpturen aus den dreißiger

Haus des Frankenweins
Kranenkai 1, 97070 Würzburg
Tel. 0931/57077
In dem kürzlich restaurierten Zollhaus von Balthasar Neumann gibt es ein Informationszentrum für die regionalen Weine, ein Weingeschäft mit einer umfangreichen Auswahl lokaler Etiketten und ein Weinlokal mit moderner Küche und solidem Standard.

Juliusspital
Juliuspromenade 19, 97070 Würzburg
Tel. 0931/3931400
Siehe Empfohlene Erzeuger.

Rebstock
Neubaustraße 7, 97070 Würzburg
Tel. 0931/30930
Dank Franz Frankenbergers eleganter, geradliniger Kochweise Würzburgs bestes Restaurant. Rokokoarchitektur und stilvolle, komfortable Räume. Akzeptable Preise im Restaurant und angesichts der zentralen Lage auch im Hotel.

Weinhaus zum Stachel
Gressengasse 1, 97070 Würzburg
Tel. 0931/52770
Einfaches Weinlokal in einem schönen alten Gebäude mit idyllischem Innenhof. Bei schönem Wetter bekommt man ohne Reservierung wohl kaum einen Tisch.

Links: *Eine der 12 Barockstatuen auf der Alten Mainbrücke in Würzburg vor der Festung Marienberg, vormals der Sitz des Fürstbischofs der Stadt.*

Oben: *Die Kelleranlagen des Staatlichen Hofkellers unter der Würzburger Residenz aus dem 18. Jahrhundert, einem der größten Barockschlösser Deutschlands.*

Rechts: *Das Barocktreppenhaus der Würzburger Residenz, das fast den gesamten Nordteil der Vorhalle belegt, ist eines der Meisterwerke des Baumeisters Balthasar Neumann.*

EMPFOHLENE ERZEUGER

Bürgerspital zum Heiligen Geist
Theaterstraße 19, 97070 Würzburg
Tel. 0931/35030
Berühmtes Gut, das in letzter Zeit in enttäuschender Mittelmäßigkeit versank. Einige Weine schlecht, andere – die trockenen Rieslinge und Silvaner – laufen zu früherer Glanzform auf. Ein paar ausgezeichnete Dessertweine. Die geräumige Weinstube gehört zu den besten Würzburgs; zuverlässige regionale Küche. Der Weinladen ist nachmittags am Freitag und Samstag sowie sonntags, die Weinstube dienstags geschlossen.

Juliusspital
Klinikstraße 5, 97070 Würzburg
Tel. 0931/3931400
Unter der Leitung von Horst Kolesch mauserte sich dieses Gut zum besten der Region. Stets gute Qualität quer durch das Sortiment; am besten die trockenen Rieslinge vom Julius-Echter-Berg in Iphofen. Der Weinladen ist samstag nachmittags und sonntags, die Weinstube mittwochs geschlossen.

Staatlicher Hofkeller
Residenzplatz, 97070 Würzburg
Tel. 0931/3050920
Das riesige Gut schien im Winterschlaf zu liegen, bis der neue Direktor Dr. Rowald Hepp die einfachen, reizlosen trockenen Weine und die etwas schwerfälligen (aber beträchtlich besseren) Dessertweine zu überarbeiten begann. Der Weinladen ist samstag nachmittags und sonntags geschlossen.

Jahren des 18. Jahrhunderts geschmückt ist. Von hier hat man einen wunderschönen Blick auf den größten und berühmtesten Würzburger Weinberg, den Stein, an einem zwei Kilometer langen Südhang am Nordrand der Stadt. Er ist hauptsächlich mit Silvaner und Riesling bestockt, wie schon vor zwei Jahrhunderten. Der für diese Gegend typische Kalkboden verhilft den Winzern im Verein mit der geschützten Lage zu vollen, aber eleganten Weinen mit ausgeprägter Zitrusfruchtigkeit. Diese Weine und eine große Auswahl weiterer fränkischer Tropfen kann man im Haus des Frankenweins am Mainkai kaufen.

Die Altstadt wird beherrscht vom Dom St. Kilian, den man vom Fluß her über die Domstraße erreicht, in deren Nähe wie im Mittelalter täglich der Würzburger Markt stattfindet. Die Arbeiten am Dom begannen 1040, doch die Baupläne wurden mehrmals geändert. Die für seine heutige Erscheinung (eine Mischung aus Romanik und Frühgotik) entscheidende Bauphase lag um die Wende zwischen dem 12. und 13. Jahrhundert. Balthasar Neumann fügte noch barocke Elemente hinzu. Der Dom ist die letzte Heimstätte für 39 Bischöfe und Adelige aus dem 12. Jahrhundert; eine ähnliche Anzahl von Grabstätten findet man nur noch im Mainzer Dom.

Die nahe gotische Marienkapelle ist ein kleines Meisterwerk, umgeben von liebevoll restaurierten Gebäuden, darunter das Haus zum Falken im Rokokostil. Faszinierender für Weintouristen sind natürlich die beiden Stiftungsbauten, das Bürgerspital und das Juliusspital,

Oben: *Weinberge oberhalb von Sommerhausen, dessen alte Türme und Tore schon seit je Künstler angezogen haben.*

wie sie auch um einen Besuch in einer der berühmten Weinstuben der Stadt nicht herumkommen. In dem älteren Bürgerspital hat man sich seit der Stiftung 1319 um die betagteren Einwohner der Stadt gekümmert. In all den Jahrhunderten hat sich das Bürgerspital rund 100 Hektar Weinberge zugelegt, die heute noch einen wesentlichen Teil seines Einkommens ausmachen. Der große Komplex gruppiert sich um den Hof mit seinem barocken Arkadenbau aus den Jahren 1717/18, von dem eine fast klösterliche Ruhe ausgeht. In dem dazugehörigen Weinlokal geht es freilich etwas weniger klösterlich zu.

Das 1576 von Fürstbischof Julius Echter von Mespelbrunn gestiftete Juliusspital steht nur einige hundert Meter davon entfernt. Sein größtes Gebäude ist der barocke Fürstenbau aus dem Jahr 1700. Die unterirdische Konstruktion ist genauso beeindruckend wie der sichtbare Teil des Gebäudes. Unter dem 170 Meter langen Bau liegt ein Faßlager von gleicher Länge, das immer noch in Betrieb ist. Die Keller und Büroräume des Gutes nehmen nur einen Bruchteil des mächtigen Gesamtkomplexes in Anspruch, der wie das Bürgerspital den Alten und Kranken zur Verfügung steht. In beiden Institutionen erhalten die Insassen täglich einen halben Liter Wein. Schließlich verhindert maßvoller Weinkonsum nach neuesten wissenschaftlichen Erkenntnissen Herzkrankheiten.

Unten: *Das Hauptgewölbe des Faßkellers im Juliusspital, das sich auf einer Länge von 170 m unter dem Krankenhausgebäude hinzieht.*

MAINTAL: RANDERSACKER BIS KITZINGEN

HOTELS

Wald- und Sporthotel Polisina
Marktbreiter Straße 265
97199 Ochsenfurt
Tel. 09331/3081
Sehr komfortables Landhotel im Wald, 2 km östlich von Ochsenfurt an der A 3. Moderate Preise.

Ritter Jörg
Maingasse 14, 97286 Sommerhausen
Tel. 09333/1221
Komfortables, kleines Hotel mit angenehmen Preisen.

Bären
Würzburger Straße 6
97236 Randersacker
Tel. 0931/706075
Gemütliches Landhotel mit maßvollen Preisen. Restaurant mit solider ländlicher Küche.

EMPFOHLENE ERZEUGER

Bickel-Stumpf
Kirchgasse 27, 97252 Frickenhausen
Tel. 09331/2847
Kleines Gut mit schwankender Leistung, aber einige sehr saubere, frische, trockene Silvaner und Rieslinge. Das Gutsrestaurant zur Weinkönigin serviert eine traditionelle regionale Küche; geöffnet täglich außer mittwochs ab 16 Uhr. Wochenends Anmeldung erforderlich.

Martin Göbel
Friedhofstraße 9, 97236 Randersacker
Tel. 0931/709380
Gute trockene Rieslinge und Silvaner; wunderbare Silvaner-, Traminer- und Rieslaner-Dessertweine. Preisgünstig in einer teuren Region. Anmeldung empfohlen, sonntags erforderlich.

Schloß Sommerhausen
Ochsenfurter Straße 17
97286 Sommerhausen
Tel. 09333/260
Mittelgroßes Gut der Familie Steinmann, die Deutschlands größte Rebenschule betreibt. Guter allgemeiner Standard. Spezialitäten: Auxerrois und Weißburgunder. Sonntags Anmeldung erforderlich.

MAINTAL: VON RANDERSACKER BIS KITZINGEN

In den Kellern der großen Würzburger Güter lagert eine Menge phantastischer Weine, doch auch die kleinen Winzer von Randersacker im Süden der Stadt halten ein Kaleidoskop interessanter Alternativen parat. Die Randersackerer Spitzenlagen Teufelskeller, Pfülben, Marsberg und Sonnenstuhl genossen schon zu Balthasar Neumanns Zeiten einen hervorragenden Ruf. Auf ihren Kalkböden gedeihen Riesling, Rieslaner, Silvaner und Traminer, aus denen eine Reihe von Familiengütern – auch auf den Nachbarlagen rundum – jeweils ihren ganz speziellen Stil von Weinen entwickelt.

In die Weinstadt Randersacker gelangt man am besten über die B 13 im Süden Würzburgs – eine zehnminütige Fahrt, wenn man nicht gerade in die nachmittägliche Stoßzeit gerät. Hier kann man ohne weiteres ein paar Tage zubringen, indem man sich durch die Weinkeller probiert, und auch noch länger, wenn man sich auf die Diskussion einlassen will, wer nun der Beste unter all den hiesigen Winzertalenten ist. Den modernen Stil beherrscht sicher die blitzsaubere neue Kellerei Schmitt's Kinder außerhalb der Stadt am besten, während das traditionelle oder »altmodische« Lager von Robert Schmitt angeführt wird. Doch welcher Stil nun überlegen ist, hängt ganz vom persönlichen Geschmack ab. Und ebenso subjektiv ist die Frage, wie der eigenwillige Dessertweinspezialist Martin Göbel in das Bild paßt.

Rechts und oben rechts: *Ein morgendliches Bild der Ruhe am Mainufer in Kitzingen.*

Randersacker ist vielleicht Frankens führende und typischste Weinstadt. Trotz der reizenden alten Häuser in den engen Straßen ist es nicht die Architektur, die sich unauslöschlich einprägt, sondern letzlich der Wein im Glas. Und die hiesigen Silvaner und Rieslinge zeigen ungeachtet der Unterschiedlichkeit ihrer Schöpfer ausnahmslos einen unverkennbar mineralischen Charakter und eine rassige Säure, die ihnen ein ausgezeichnetes Alterungspotential verleiht.

Folgen Sie der B 13 fünf Kilometer südöstlich nach Sommerhausen, dessen Stadtmauern und Tore sich bei den einheimischen Künstlern großer Beliebtheit erfreuen. In einem der Türme hat sich das winzige und witzige Torturmtheater eingerichtet. Das Gut Schloß Sommerhausen ist ebenfalls einen Besuch wert, vor allem wegen seiner Weine aus den Pinot-Trauben.

Ochsenfurt, die nächste Stadt, hat ein prächtiges Rathaus im frühen Rennaissancestil, viele schöne Fachwerkhäuser und eine interessante gotische Kirche zu bieten. Das Wehrstädtchen Frickenhausen rühmt sich keiner solch herausragenden Baudenkmäler, gibt aber dafür einen besseren Eindruck davon, wie Städte und Dörfer im Goldenen Zeitalter der Region zweieinhalb Jahrhunderte früher ausgesehen haben. Das kleine Gut von Bickel-Stumpf ist ein zuverlässiger Erzeuger von trockenem Weißwein, der Südhang Kapellenberg eine der besten Lagen in diesem Teil des Tals.

In Segnitz wendet sich der Fluß nordwärts nach Sulzfeld, einer weiteren gut erhaltenen alten Stadt mit dem schönen Gut Zehnthof der Familie Luckert.

Robert Schmitt
Maingasse 13, 97236 Randersacker
Tel. 0931/708351
Das kleine Gut ist eine Bastion der trockenen Frankenweine. In der Jugend mögen Bruno Schmitts Rieslinge und Silvaner noch wenig Charme haben, doch sie entwickeln sich großartig. Aufgrund der hohen Qualität und der günstigen Preise sind viele Weine rasch ausverkauft. Sonntags Anmeldung erforderlich.

Schmitt's Kinder
Am Sonnenstuhl, 97236 Randersacker
Tel. 0931/708303
Karl Schmitt, ein unbeirrbarer Modernist, macht sehr frische Weine von kristalliner Klarheit. Durchweg hohe Qualität, vom trockenen QbA-Wein bis zu den üppigen Auslese- und Beerenauslese-Dessertweinen. Anmeldung empfohlen, sonntags erforderlich.

Josef Störrlein
Schulstraße 14, 97236 Randersacker
Tel. 0931/708281
Kleines Gut, 1970 gegründet. Armin Störrleins Rieslinge und Silvaner sind frisch und rein, seine Roten interessant. Sonntags Anmeldung erforderlich.

Zehnthof (Theo Luckert)
Kettengasse 35, 97320 Sulzfeld
Tel. 09321/6536
Wolfgang Luckert macht besonders gute trockene Silvaner und Rieslinge bzw. eindringliche Dessertweine. Anmeldung erforderlich. Sonntags geschlossen.

Oben: *Der alte Weinort Iphofen, von seinen ausgezeichneten Weinbergen aus gesehen.*

STEIGERWALD UND BAMBERG

In vieler Hinsicht ist der Steigerwald eine Art Insel in Franken. Seine anderen Böden (meist Kalksteinmergel) und die hier typischen schönen Herbsttage führen zu völlig andersartigen Weinen. Ihre Merkmale sind Kraft, Fülle sowie ein deutlich erdiges und pflanzliches Aroma.

Die ersten Erhebungen des Steigerwaldes ragen schroff aus dem welligen Hügelland über dem Maintal heraus. Die günstig ausgerichteten Hänge sind bis zu einer Höhe von 400 Metern bestockt. Langsam gehen die Reben in einen dichten, dunklen Märchenwald über, dessen Wildreichtum in der örtlichen Küche seinen Niederschlag findet. Die stattliche, teils ausgefallene Architektur in einzelnen Städten und Dörfern ist eine passende Ergänzung zu der zauberhaften Landschaft.

Nach Iphofen folgt man den Schildern von Marktbreit aus oder nimmt die B 13 nach Kitzingen und anschließend die B 8. Auf seinen 270 Hektar Rebland produziert Iphofen mehr Wein als jede andere Gemeinde in diesem Gebiet. Seine herausragende Lage Klasse I Julius-Echter-Berg liefert die vorbildlichen Steigerwald-Silvaner und -Rieslinge, die Tiefe und Gehalt mit einer rassigen Säure kombinieren – der Grund dafür, daß sogar die konzentriertesten Tropfen eine edle Harmonie aufweisen.

Jedes der Tore, die Iphofens umfangreiche mittelalterliche Befestigungsanlage markieren, zeigt eine andere Bauweise; am schönsten ist das berühmte Rödelseer Tor. Das dreistöckige Barockrathaus auf dem Marktplatz und

STEIGERWALD UND BAMBERG

HOTELS

Zehntkeller
Bahnhofstraße 12, 97346 Iphofen
Tel. 09323/3062
Dieses schöne Landhotel in dem 550 Jahre alten Zehnthaus ist sehr komfortabel und von dezentem Stil. Das ambitionierte Restaurant ist für die Qualität ziemlich teuer, die Zimmerpreise dagegen sind akzeptabel.

RESTAURANTS

Weinstall
Siehe Empfohlene Erzeuger: Fürstlich Castell'sches Domänenamt.
Zehntkeller
Siehe Hotels.

SEHENSWÜRDIGKEITEN

Ebrach – Die weitläufigen Gebäude von Frankens erstem bedeutendem Zisterzienserkloster sind fast vollständig erhalten. Barock ist der dominante Stil, die meisten Fassaden stammen aus dem 17. und 18. Jh. Die Abteikirche ist ein schönes Beispiel hoher Gotik, die Klosterkirche wurde von Materno Bossi in den letzten Jahren des 18. Jhs. großzügig ausgeschmückt.

Castell – Seit der Reformation (1559) protestantisch, besitzt Castell ein prachtvolles Gotteshaus aus der zweiten Hälfte des 18. Jhs. Von außen eine typisch fränkische Barockkirche, ist sie im Innern ein edles Beispiel frühen Neoklassizismus. In diesem höchst ungewöhnlichen Ort fühlt man sich fast in einer anderen Welt. Der Barockpalast der Familie Fürst Castell in der Dorfmitte heißt «Neues» Schloß, obwohl es über drei Jahrhunderte alt ist. Gleich hinter dem Eingang hängt ein Druck, der die Grundsteinlegung des Gebäudes zeigt. Eintritt nur auf Einladung.

Links: *Eine Marienfigur an einem Fachwerkhaus in Iphofen.*

Unten: *Das Eingangsportal des Neuen Schlosses in Castell, der Familienresidenz des Fürsten von Castell-Castell.*

Oben: *Das Dorf Castell mit seiner evangelischen Kirche am Fuße des exzellenten Weinbergs Schloßberg.*

Rechts: *Das verspielte Zeichen ist geblieben, doch das erstklassige Restaurant Zur Iphöfer Kammer hat schon lange geschlossen.*

Ganz rechts: *Die Weinberge Iphofens in der Herbstsonne, die den Weinen Reichtum und einen vollen Körper beschert.*

die eindrucksvollen Gebäude aus derselben Zeit darum herum dokumentieren, welche Wertschätzung man den Weinen der Stadt schon in früheren Jahrhunderten entgegengebracht hat.

Von hier folgt man den Schildern nach Rödelsee, Wiesenbronn und Castell am Fuß des Schwanbergs an den westlichen Ausläufern des Steigerwalds. Das Weinstädtchen Castell war die Hauptstadt eines kleinen Fürstentums, ehe es 1806 Bayern einverleibt wurde. Es hat eine Reihe von stattlichen Verwaltungsgebäuden (meist im Renaissancestil), darunter ein unverhältnismäßig großes Staatsarchiv mit alten Weinerntedokumenten, die die Existenz der Silvaner-Rebe in Franken bereits seit dem Jahre 1659 nachweisen.

Will man nach Schloß Weißenstein auf der anderen Seite des Steigerwalds, nimmt man die B 286 nördlich von Castell und dann die Autobahn A 3, die Richtung Bamberg durch den Naturpark Steigerwald führt. Nach der Ausfahrt Bamberg folgt man den Schildern nach Pommersfelden. Schloß Weißenstein ist ein aus weißem Sandstein errichtetes barockes Prachtbauwerk – das Lebenswerk von Lothar Franz von Schönborn, dem Fürstbischof von Bamberg und Kurfürst von Mainz. Wie viele andere Potentaten des 18. Jahrhunderts demonstrierte er seinen Reichtum und seine Macht durch Bauwerke. Bei dem massiven, dreistöckigen Treppenhaus wurden alle prakti-

EMPFOHLENE ERZEUGER

Fürstlich Castell'sches Domänenamt
Schloßplatz 5, 97335 Castell
Tel. 09325/60160
Restaurant: 09325/463
Die Geschichte dieses adeligen Gutes reicht bis ins 11. Jh. zurück. Trotz mehrerer Weinberge im Alleinbesitz, darunter die Lage Klasse I Schloßberg, entbehren die trockenen Weine oft an Charme und Eleganz. Im allgemeinen jedoch spektakuläre Dessertweine. Das Restaurant Weinstall bietet gute regionale Küche; geöffnet von 11-22 Uhr außer donnerstags und freitags. Der Weinladen hat sonntags geschlossen.

Gerhard Roth
Blüttnergasse 11, 97355 Castell
Tel. 09325/373
Kleines Gut mit organischem Anbau, spezialisiert auf Spätburgunder. Mit die besten Roten der Region.

schen Überlegungen der Prachtentfaltung geopfert, so daß es letztlich sogar das Treppenhaus der Würzburger Residenz in den Schatten stellt. Lothar Franzens Nachkommen, die heute noch auf Weißenstein wohnen, öffnen den Palast jeden Sommer für klassische Konzerte.

Die alte, historische Stadt Bamberg unweit davon bildet das östliche Ende der fränkischen Weinbauregion. Ein Besuch der Stadt lohnt sich eher wegen ihrer baulichen Reichtümer als wegen des Weins, den die wenigen verstreut liegenden Rebflächen hier liefern.

Der älteste Teil der Stadt drängt sich um den Dom, der schon seit über einem Jahrhundert als Wallfahrerziel gilt. Erstmals im Jahr 1012 fertiggestellt, fiel er, wie auch die Nachfolgebauten, verschiedenen Bränden zum Opfer. Das heutige Bauwerk mit seinen vier wuchtigen Türmen stammt aus dem 13. Jahrhundert und ist in erster Linie romanischen Ursprungs. Es birgt eine außergewöhnliche Sammlung gotischer Skulpturen und Reliefs, darunter auch der Bamberger Reiter, errichtet 1232-1237.

Die schön erhaltene Alte Hofhaltung im Renaissancestil in der Nähe des Doms wurde im späten 16. Jahrhundert erbaut. In geringer Entfernung dazu befindet sich auf einer kleinen Maininsel das bemerkenswerte Inselrathaus, das in seiner ursprünglichen Form bereits Ende des 14. Jahrhunderts hier stand. Der älteste Teil des heutigen Gebäudes datiert freilich aus dem späten 15. Jahrhundert.

Johann Ruck
Marktplatz 19, 97346 Iphofen
Tel. 09323/3316
Johann Ruck ist zu Recht für seine festen, gehaltvollen trockenen Rieslinge und Silvaner bekannt; seine Glanzstücke aber sind ein außergewöhnlicher Grauburgunder aus alten Rödelseer Reben und einige ausdrucksstarke Dessertweine. Anmeldung empfohlen. Sonntags geschlossen.

Hans Wirsching
Ludwigstraße 16, 97346 Iphofen
Tel. 09323/3033
Die reichen, aber filigranen trockenen Rieslinge und Silvaner Dr. Heinrich Wirschings aus dem großartigen Julius-Echter-Berg zählen wie die Dessertweine des Gutes zu Frankens feinsten Kreszenzen. Schön gemacht auch die trockenen Müller-Thurgau QbA. Anmeldung empfohlen.

MAINTAL: ESCHERNDORF UND VOLKACH

HOTELS

Am Torturm
Hauptstraße 41, 97332 Volkach
Tel. 09381/80670
Kleines, komfortables, modernes Hotel im Bauhausstil in der Nähe von einem der Tortürme. Moderate Preise.

Zur Schwane
Hauptstraße 12, 97332 Volkach
Tel. 09381/80660
Sehr attraktives, kleines Hotel in einem schönen, alten Haus mit eigenem Weingut (nicht sensationell). Angenehme Preise.

RESTAURANT

Himmelstoß
Bamberger Straße 3, 97337 Dettelbach
Tel. 09324/4776
Herbert Kuffers Küche ist eine gelungene Mischung aus traditionellem und internationalem Stil. Sehr beschränkte Weinkarte. Angemessene Preise.

MAINTAL: ESCHERNDORF UND VOLKACH

Von Castell aus kann man sich über Feuerbach nach Schwarzach begeben, wo man über den Main setzt und nach Schwarzenau weiterfährt. Die kleine Straße, die von hier nach Escherndorf führt, ist etwas hart zu fahren, lohnt sich aber wegen des Blicks auf die Weinberge. Hier macht der Main eine auffällige Schleife um ein Amphitheater aus Weinbergen herum, von denen einige nach Süden ausgerichtet sind und sich mit den besten Lagen im Moseltal vergleichen lassen. Der Weinberg Klasse I Lump in der Mitte des großen Hanges liefert wahrscheinlich die beachtlichsten trockenen Silvaner und Rieslinge in der Region. Wem die Franken-Rieslinge im allgemeinen zu herb und erdig sind, der sollte die saftigen und harmonischen Lump-Weine probieren. Ähnlich verhält es sich mit dem Silvaner, der hier verführerisch reiche Weine mit einem prononcierten Aroma von Aprikosen, Melonen und exotischen Früchten ergibt. An der Spitze steht Egon Schäffers kleines Gut, gefolgt von Horst Sauer.

Weiter geht es nach Volkach, einem echten Schatzkästchen mit alten Gebäuden. Die Stadtmauer ist weitgehend erhalten, darunter auch zwei prächtige Tortürme aus dem 13. und 16. Jahrhundert. Manche Häuser wie das Schelfenhaus aus dem 18. Jahrhundert kommen gar nicht richtig zur Geltung, so dichtgedrängt stehen die Gebäude in der Stadtmitte. Der Marktplatz wird von dem Fachwerkrathaus aus dem 16. Jahrhundert beherrscht. Das

Oben: *Die Volkacher Bürger feiern das Ende der Lese mit einem jährlichen Weinfest – zum Teil in historischem Gewand.*

Rechts: *In Escherndorf veranstaltet man jedes Wochenende im September und Oktober ein Weinfest.*

Ganz rechts: *Die entzückende Stadt Volkach hat eine Reihe von architektonischen Besonderheiten vorzuweisen.*

bedeutendste Volkacher Baudenkmal aber besticht nicht durch seine Größe und steht auch außerhalb der Stadtgrenzen: Das spätgotische Wallfahrtskirchlein Maria im Weingarten, das sich inmitten von Weinbergen erhebt, bewahrt eine wundervolle Sammlung von Gemälden und Skulpturen, darunter auch die Rosenkranzmadonna von Tilmann Riemenschneider.

Oben: *In schönster Einsamkeit, umgeben von Weinbergen, steht die Wallfahrtskirche Maria im Weingarten aus dem 15. Jahrhundert.*

EMPFOHLENE ERZEUGER

Michael Fröhlich
Bocksbeutelstraße 41
97332 Escherndorf
Tel. 09381/2847
Sehr zuverlässiger Erzeuger von stets sauberen, frisch-fruchtigen trockenen Rieslingen und Silvanern. Anmeldung empfohlen. Sonntags geschlossen.

Horst Sauer
Bocksbeutelstraße 14
97332 Escherndorf
Tel. 09381/4364
Kleines, hochklassiges Gut, v. a. für trockenen Silvaner aus dem berühmten Weinberg Lump. Anmeldung empfohlen.

Egon Schäffer
Astheimer Straße 17
97332 Escherndorf
Tel. 09381/9350
Dieses 3-ha-Gut macht einige der feinsten trockenen Silvaner und Rieslinge in Franken. Aufgrund der Qualität und knappen Produktion rasch ausverkauft. Anmeldung erforderlich. Sonntags geschlossen.

Saale-Unstrut und Sachsen

Deutschlands kleinste Weinbauregionen – Saale-Unstrut zwischen Weimar, Halle und Leipzig und Sachsen im Bereich von Dresden – werden von zwei kartographischen Linien begrenzt. Die eine – sichtbarere – besteht aus der alten Grenze zwischen der Bundesrepublik und der ehemaligen DDR. Die andere wird durch den 51. Breitengrad markiert, die Nordgrenze für den Weinbau auf dem europäischen Kontinent – wobei beide Regionen eigentlich auf der «falschen» Seite dieser Linie liegen.

Ende der vierziger Jahre drohte beiden Weinbauregionen schon das Aus. Die Folgen der Reblausepidemie im späten 19. Jahrhundert beziehungsweise der wirtschaftlichen Krisen und des Kriegs bewirkten, daß die meisten Weinberge stillgelegt wurden. Die DDR-Winzer schafften es zwar noch einmal, die Anbaufläche zu vergrößern, doch die Qualität der Weinproduktion ging in den Keller. Erst in den letzten paar Jahren konnten die Weinbauern endlich die Reben anpflanzen, die sie wollten, die Weinberge mit geeigneten Maschinen bearbeiten und eine Kellertechnik westlichen Standards einführen.

Mit dem Kontinentalklima allerdings müssen sich die Winzer in beiden Regionen abfinden. In den warmen, trockenen Sommern reifen die Trauben zwar bestens, doch im Frühjahr können verspätete Frosteinbrüche die Reben schädigen, und der plötzlich einsetzende Winter hat schon oftmals alle Ernteerwartungen jäh zunichte gemacht. Verlassen können sich die Winzer dagegen voll und ganz auf das warme menschliche Klima in diesem Teil Deutschlands. Die Menschen in Halle, Leipzig und Dresden bejubeln jeden Erfolg ihrer örtlichen Weinheroen mit einer Begeisterung, die anderswo in Deutschland ihresgleichen sucht. Und sie bezahlen auch die Preise, dank derer man die beträchtlichen Investitionen finanzieren kann. Doch letztlich ist es dem Engagement der führenden Erzeuger und ihrem unerschütterlichen

Links: *Die Formschnittgärten im Barockschloß Wackerbarth in Radebeul mit ihrer schönen Aussicht.*

Oben: *Ein altes Naumburger Weinrestaurant mit einem vergoldeten schmiedeeisernen Zeichen.*

Saale-Unstrut und Sachsen

Weinort
Autobahn
Bundesstraße
Sonstige Straßen
Bahnlinie
Landesgrenze

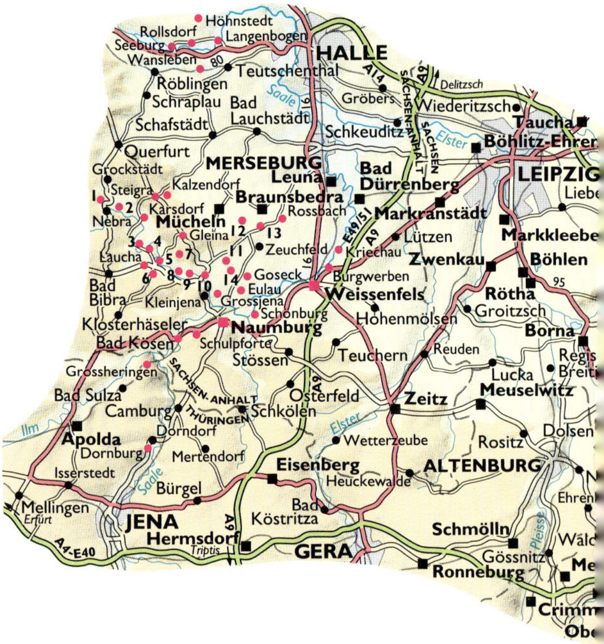

1 Vitzenburg
2 Reinsdorf
3 Burgscheidungen
4 Kirchscheidungen
5 Dorndorf
6 Hirschroda
7 Müncheroda
8 Weischütz
9 Zscheiplitz
10 Freyburg
11 Schleberoda
12 Branderoda
13 Grost
14 Pödelist
15 Diera
16 Winkwitz
17 Gauernitz

Glauben an das Potential dieser Regionen zu verdanken, daß die Weinbaurenaissance unaufhaltsam fortschreitet.

Die Regionen haben viele Gemeinsamkeiten: Ihre Weinberge klammern sich in geschützten Flußtälern an die am besten ausgerichteten Hänge, und das Rebenspektrum ist annähernd gleich. Und doch gibt es auch etliche gravierende Unterschiede, in erster Linie geologische. Die Böden im Saale-Unstrut-Bereich bestehen vorwiegend aus Kalkstein, in Sachsen indes aus Granit, Gneis und Porphyr. Das läßt die sächsischen Weine geschmeidiger und mineralischer aussehen, an Saale und Unstrut hingegen sind sie voller und saftiger. Auch ein kultureller Kontrast ist nicht von der Hand zu weisen. Sachsens Weingärten drängen sich an die Stadt Dresden heran, einige der besten Lagen findet man bereits in den Vororten. Das Erscheinungsbild der Weine ist mithin von der reichen städtischen Kultur geprägt; im Vergleich dazu ist Saale-Unstrut liebenswerte Provinz. Doch derzeit ist es noch zu früh, um die genauen Auswirkungen der gegensätzlichen Faktoren auf die jeweilige regionale Entwicklung voraussagen zu können.

Mit Franken, dem nächsten Weinnachbarn im Westen, teilen beide Regionen die Tradition der trockenen Weine, wiewohl das Klima ihre Erzeugnisse mit einer prononcierten Säure ausstattet. Im günstigsten Fall reichen Frucht und Körper aus, sie zu egalisieren, aber viele Weine schmecken einfach immer noch dünn und sauer. Das Erbe einer fehlgeleiteten Pflanzpolitik in den Weingärten macht sich häufig genug bemerkbar. In beiden Regionen werden viele Weinberge erst nach einer Verbesserung des Rebenmaterials ansehnlichere Produkte liefern.

SAALE-UNSTRUT

Die Wurzeln des Weinbaus im Tal der Saale und ihres Nebenflusses Unstrut reichen über tausend Jahre zurück. Etwas kühler als im Moseltal, dafür aber mit mehr Sonne und weniger Regen, ist das Klima an Saale und Unstrut nicht ganz so extrem und kontinental wie das in Sachsen.

Sowohl das Klima wie auch der Kalksteinboden erinnern an Franken, und die Weine weisen denn auch eine gewisse Ähnlichkeit auf, wobei gutgemachte Saale-Unstrut-Produkte delikater schmecken. Am besten sind die Rieslinge, Traminer und Weißburgunder, doch all diese Trauben brauchen hervorragende Lagen, um voll auszureifen. Müller-Thurgau und Silvaner, beides Reben mit begrenztem Vermögen, belegen zwei Drittel der Rebflächen mit Beschlag.

Die schöne, vor einem Jahrtausend gegründete Stadt Naumburg bietet sich als Ausgangspunkt für einen Trip durch die Region an. Sie ist am leichtesten über die Autobahn A 9, Ausfahrt Naumburg, zu erreichen.

Am berühmtesten ist die Stadt für ihren prächtigen Dom St. Peter und Paul, der erstmals 1040 vollendet wurde. Das heutige Bauwerk ist indes eine Synthese gotischer und romanischer Stilelemente aus dem 13. Jahrhundert (die beiden Osttürme wurden um 1500 herum erhöht und erhielten im 18. Jahrhundert barocke Hauben). Der Dom enthält eine Sammlung spätromanischer und frühgotischer Skulpturen, darunter mit die frühesten Darstellungen weltlicher Personen in der deutschen Kunst, die einen Einblick in das damalige Leben gestatten.

Der Turm der gotischen Stadtkirche St. Wenzel besitzt eine 72 Meter hohe Aussichtsplattform, von der man eine

Ganz oben: *Schloß Neuburg oberhalb von Freyburg im Unstruttal.*

Oben: *In den engen Nebenstraßen Naumburgs findet man allerlei architektonische Kuriositäten.*

SAALE-UNSTRUT

HOTELS

Rebschule
Ehrauberge 33, 06632 Freyburg
Tel. 034464/27647
Kleines, idyllisch zwischen Reben gelegenes Hotel oberhalb der Stadt.

Stadt Aachen
Markt 11, 06618 Naumburg
Tel. 03445/2470
Neues Hotel in drei schönen alten Häusern an Naumburgs historischem Marktplatz. Komfortable, moderne Räume; moderate Preise.

Unstruttal
Markt 11, 06632 Freyburg
Tel. 034464/7070
Freundliches, kleines Hotel im Zentrum der Altstadt.

wunderbare Sicht auf den Dom hat. Den Marktplatz im Herzen der Stadt schmückt das überwältigende Renaissancerathaus mit seiner runden Giebelfront. Wie die meisten anderen Gebäude hier stammt es aus den ersten Jahren nach der großen Feuersbrunst von 1517, dem fast die ganze Stadt zum Opfer fiel. Vom Rathaus breitet sich strahlenförmig ein Netz von engen Straßen und Gassen mit schönen Häusern aus dem 15. bis 18. Jahrhundert aus.

Von Naumburg ist es nur eine kurze Fahrt zum ehemaligen Zisterzienserkloster Pforta. Gegründet um 1100, spielte das Kloster, wie damals auch die großen Abteien im Rheingau, eine zentrale Rolle bei der Entwicklung des regionalen Weinbaus. 1154 bepflanzten die Mönche den Köppelberg, immer noch eine der besten Lagen dieses Gebiets. Die Abtei ist heute Sitz des Landesweinguts, das allerdings seiner angestrebten Vorreiterfunktion im Qualitätsweinbau nicht gerecht wird.

Ein glänzendes Beispiel gibt jedoch das kleine Gut Lützkendorf bei Bad Kösen ab, einem reizenden, kleinen Kurort in idyllischer Lage zwischen Wäldern und Weinbergen im Saaletal. Berühmt ist der Ort für seine Salzbergwerke, die 1723 auf Anweisung Augusts des Starken angelegt worden waren, um Sachsen vom preußischen Salzhandel unabhängig zu machen. Eine kurze

Unten: *Die Sächsische Schweiz an der Elbe oberhalb von Pirna.*

Links: *Das «Steinerne Bilderbuch» bei Freyburg, die Steinmetzarbeit eines unbekannten Künstlers aus dem 18. Jahrhundert.*

Strecke flußaufwärts stehen die Ruinen der Rudelsburg und der Burg Saaleck und dicht dabei der einzige bedeutende Weinberg des Ilmtals sowie des Bundeslandes Thüringen, der Sonnenberg von Großherringen.

Die meisten Weinberge der Region liegen im Tal der Unstrut, deren linkes Ufer mit vielen Südwesthängen gesegnet ist. Hierher gelangt man, wenn man von Naumburg Richtung Freyburg fährt. Die erste wesentliche Weinbaugemeinde ist Großjena mit einem der beachtlichsten historischen Denkmäler dieser Gegend in dem schönen Weinberg Sonneck. Hier schuf im 18. Jahrhundert ein ungenannter Künstler eine Reihe von Reliefs, heute bekannt unter dem Namen «Steinernes Bilderbuch».

Von hier ist es nicht mehr weit zu der alten Stadt Freyburg am Fuß der steilen Terrassen des Weinbergs Edelacker, der vom Schloß Neuenburg gekrönt ist. Errichtet zwischen 1090 und 1127 von den Thüringer Herzögen, wurde es im späten 16. und im 17. Jahrhundert umgestaltet und vor kurzem restauriert. In seinem Turm «Dicker Wilhelm» hat man das Schloßmuseum mit historischen Ausstellungsstücken der Gegend eingerichtet.

Die Stadt selbst wird von den Zwillingstürmen der Marienkirche überragt, die wie der Naumburger Dom in einer Mischung aus romanischem und gotischem Stil erbaut wurde. Freyburg ist auch Sitz der regionalen Winzergenossenschaft, deren belanglose Weine man jedoch nicht empfehlen kann. Schon 1856 hat sich hier die Firma Rotkäppchen Sekt niedergelassen, die ihre billigen Schaumweine mittlerweile fast ausschließlich aus Importprodukten herstellt. Ihre grottenartigen Keller mit dem 160 000-Liter-Faß zeugen von ruhmreichen Zeiten vor den Katastrophen des 20. Jahrhunderts, von deren Folgen sich die Region gerade mühsam erholt.

Villa Ilske
Ilskeweg 2, 06628 Bad Kösen
Tel. 03 44 63/2 73 63
Reizendes, ziemlich komfortables, kleines Hotel in einer kürzlich restaurierten Villa von 1915. Ruhige Lage mit schönem Blick auf Bad Kösen und Umgebung. Bescheidene Preise.

Zur Alten Schmiede
Siehe Restaurants.

Zum Wehrdamm
Loreleypromenade 3, 06628 Bad Kösen
Tel. 03 44 63/2 84 05
Kleiner Familienbetrieb mit niedrigen Preisen.

RESTAURANTS

Altdeutsche Weinstuben zum Künstlerkeller
Breite Straße 14, 06632 Freyburg
Tel. 03 44 64/2 72 92
Diese Keller, in denen lokale Künstler ihre Werke ausstellen, beherbergen schon seit über einem Jahrhundert ein Weinlokal. 1992 kam noch ein kleines, preisgünstiges Hotel hinzu.

Lützkendorf
Siehe Empfohlene Erzeuger.

Restaurant und Hotel zur Alten Schmiede
Lindenring 36-37, 06618 Naumburg
Tel. 0 34 45/2 43 60
Das beste Restaurant in der Gegend in einer kürzlich renovierten ehemaligen Schmiede; Teile der Ausstattung noch vorhanden. Regionale Küche mit leicht modernem Einschlag.

EMPFOHLENER ERZEUGER

Lützkendorf
Saalberge 31, 06628 Bad Kösen
Tel. 03 44 63/6 10 00
Udo Lützkendorf und sein Sohn Uwe leiten das bei weitem beste Gut im Saale-Unstrut-Gebiet. Ihre feinsten Weine sind der rassige trockene Riesling vom Pfortener Köppelberg und der zart-aromatische, seidige Traminer aus Freyburg. In ihrer Straußwirtschaft (täglich geöffnet von 10-20 Uhr) kann man ihre Weine und hausgemachten Würste probieren. Anmeldung für Degustationen empfohlen.

Oben: *Terrassenweinberge an der Elbe südöstlich von Meißen.*

SACHSEN

Den Pioniergeist im Weinbau verbindet man für gewöhnlich mit den Winzern in der Neuen Welt, obwohl auch die Weinbauern im kalifornischen Napa Valley oder im australischen Barossa Valley mittlerweile bereits auf eine über hundertjährige Tradition zurückblicken können. Im Herzen Europas ist solcher Tatendrang heute kaum mehr anzutreffen, in Sachsen aber ist er noch quicklebendig.

Zwar reichen die Wurzeln der hiesigen Weinbaugeschichte bis ins Mittelalter zurück, doch in dem halben Jahrhundert vor dem Fall des Eisernen Vorhangs am 9. November 1989 wurde der Qualitätsweinbau fast völlig ausgerottet. Wohl produzierte man weiterhin Wein, und die Weinbauflächen vervielfachten sich in DDR-Zeiten bis zur Wiedervereinigung sogar von knapp 50 auf 300 Hektar. Doch Weine, die über das schiere Prädikat »trinkbar« hinausgingen, wurden in Sachsen so selten gesichtet wie der Schneemensch in Tibet.

Damals beherrschten die Genossenschaft in Meißen und das Landesweingut (heute Staatsweingut) Schloß Wackerbarth die regionale Weinproduktion, doch hohe Ziele konnten auch sie sich nicht stecken angesichts ihrer Organisation und dem Mangel an Material und Ausrüstung. Die Weinkultur ging regelrecht den Bach hinunter, und die weit über 200 Jahre alte Qualitätsweinproduktion verlor ihren Nährboden.

Die sächsischen Winzer mußten also 1989 praktisch wieder bei Null anfangen. Die Tatsache, daß viele brach-

SACHSEN

SEHENSWÜRDIGKEITEN

Pirna – Die Festung Sonnenstein (15.-17. Jh.) auf einem Felsplateau oberhalb der kleinen Stadt war bis zum frühen 18. Jh. ein wichtiger Stützpunkt. Den einstigen Reichtum der Handelsstadt belegen das spätgotische Rathaus und viele schöne Renaissancehäuser. In der spätgotischen Marienkirche findet man einen herrlich geschnitzten Altar von 1616 und in der Klosterkirche der Dominikaner ein schön bemaltes gotisches Gewölbe.

Schloß Moritzburg – Das massige Barockschloß Moritzburg 18 km nordwestlich von Dresden hatte August der Starke von M. D. Pöppelmann zwischen 1723 und 1736 als Jagdsitz errichten lassen. Es ist von einem großen künstlichen See umgeben und durch eine 5 km lange Allee mit Dresden verbunden. Heute wird das Schloß als Barockmuseum mit einer eindrucksvollen Möbel- und Porzellansammlung genutzt.

liegende Rebflächen in den letzten Jahrzehnten in privater Initiative wieder kultiviert wurden, sagt eine Menge über die hiesige Situation: es gibt zwar nur 320 Hektar Rebland, aber über 2 000 Weinbergsbesitzer. Das zeigt nur allzu deutlich, wie sehr eine Weinindustrie und die mit ihr eng verzahnte Kultur von dem Gefühl einer nationalen Identität abhängen.

Daß der Wiederaufbau von Dresdens historischen Denkmälern trotz kommunistischer Doktrin vorangetrieben wurde, beweist die Verbundenheit der Sachsen mit ihrem Erbe. Um das im richtigen Kontext zu sehen, muß man die Vorgänge in Ostberlin und Dresden Mitte des 20. Jahrhunderts gegenüberstellen. Während die kommunistischen Behörden in Berlin die Zerstörung des Stadtschlosses und der Wilhelmstraße beschlossen, betrieb man in Dresden akribisch den Wiederaufbau der historischen Innenstadt – wozu auch die Baudenkmäler aus der monarchistischen Vergangenheit gehörten.

Der Vergleich zwischen Berlin und Dresden drängt sich um so mehr auf, als beide vormals Hauptstädte der rivalisierenden Staaten Preußen und Sachsen waren. Jeder Ausländer wird auf die Frage nach einem früheren deutschen Staat sofort «Preußen» antworten. Für die meisten Kenner der deutschen Geschichte werden die Macht und der Reichtum Sachsens im 18. Jahrhundert überschattet vom preußischen Glanz ein Jahrhundert später, auch wenn der preußische Aufstieg auf Kosten der Sachsen erfolgte. Sachsen verbündete sich 1806 mit Napoleon und verlor beim Wiener Kongreß 1815 zwei Drittel seines Territoriums an Preußen. Sein Stern begann rasch zu sinken, während der preußische Machtzuwachs allmählich seinem Höhepunkt von 1871 zustrebte.

Oben: *Eine Allee aus Formschnitteiben führt zum Barockschloß Wackerbarth im Dresdener Vorort Radebeul.*

Unten: *Die steinigen Weinberge von Diesbar-Seußlitz nördlich von Meißen.*

REISETIP

Sächsische Schweiz – Der landschaftlich spektakulärste Teil des Elbtals zwischen der deutsch-tschechischen Grenze und der Stadt Pirna südlich von Dresden wurde schon vor Jahrhunderten «Sächsische Schweiz» genannt. In dem heutigen Nationalpark türmen sich mächtige bizarre Sandsteinformationen über dem sich dahinschlängelnden Fluß auf. Um den Lilienstein, den Königstein oder den Pfaffenstein zu erklimmen und die atemberaubende Fernsicht zu genießen, braucht man keine bergsteigerischen Fähigkeiten, lediglich körperliche Fitneß und ein Paar feste Wanderschuhe. Für weniger Unternehmungslustige verkehren hier regelmäßig Ausflugsboote. Planen Sie aber einen ganzen Tag dafür ein. Sollten Sie trotz beschränkter Zeit einen Hauch von Abenteuer verspüren wollen, dann fahren Sie mit der kleinen Eisenbahn von dem reizenden Elbkurort Bad Schandau aus in die Kirnitzschtalschlucht. Die Obere Schleuse (hier gibt es Erfrischungen) bietet eine der hinreißendsten Naturschönheiten in Sachsen, und der Aufstieg zum Aussichtspunkt Königsplatz ist nicht allzu anstrengend.

In der Zeit vor diesen Geschehnissen spielten Sachsen und Dresden eine wichtige politische, wirtschaftliche und kulturelle Rolle in Europa. Unter August dem Starken (1694-1733) wuchs Sachsen zu einem bedeutenden europäischen Machtfaktor heran, und Dresden entwickelte sich zu einem Kulturzentrum des Kontinents. Großartige Bauwerke wie der Zwinger, die Hofkirche, das Taschenbergpalais und das Japanische Palais in Dresden sowie das Jagdschloß Moritzburg und Schloß Pillnitz in der Umgebung dokumentieren diesen Höhenflug. Und wie die Notre Dame, der Arc de Triomphe und der Eiffelturm Paris in den Brennpunkt nationalen Stolzes rückten, so wurde auch Dresden mit seinen barocken Meisterwerken der Nabel des sächsischen Universums.

Und ebendieses nationale Selbstbewußtsein, gepaart mit einer gesunden Freude am Wein, ließ die Sachsen selbst unter kommunistischer Planwirtschaft Bäume fällen, Büsche roden und Mauern aufrichten, um die aufgegebenen Weinbergterrassen im Elbtal wieder zu rekultivieren. Selbst wenn diese Arbeit nicht so professionell ausgeführt wurde, wie das heutzutage üblich ist, legte man damit doch den Grundstock zum Comeback auf der europäischen Weinbühne.

Jeder, der in den europäischen Weinregionen etwas bewandert ist, vermag das gewaltige Potential der sächsischen Weinberge unschwer zu erkennen. Die ziehharmonikaartige Terrassenauffaltung des Goldenen Wagens

weist ihn als idealen Standort für Reben aus. Und auch der sanft schwingende Hang des Königlichen Weinbergs um die Weinbergskirche herum läßt keinen Zweifel aufkommen: hier müssen einfach aufsehenerregende Weine wachsen. Wenn ich noch eines Beweises dafür bedurft hätte, daß einst in Sachsen hervorragende Weine gediehen, so lieferte ihn jener einheimische Winzer, der mir kürzlich eine nahezu makellose Flasche von der Königlichen Weindomäne mit dem Siegel Augusts des Starken aus dem Jahre 1718 präsentierte. Zu dieser Zeit war die Abfüllung eine seltene Ausnahme, nur die wirklich wertvollsten Tropfen wurden auf Flaschen gezogen. Beschreibungen aus der Weinliteratur des 18. Jahrhunderts deuten stark darauf hin, daß sich die feinsten Weine jener Zeit durchaus mit den natursüßen Auslesen heutiger Tage vergleichen lassen. Grundlage für solchen Edelstoff war ziemlich sicher die Traminer-Traube, die aufgrund ihres besonderen Buketts damals als einzige in Monokultur gepflanzt wurde.

Die Weinbauern der Region greifen nicht nur auf ihre eigene Geschichte zurück, sondern konsultieren auch Kollegen aus so unterschiedlichen Weinländern wie Österreich und USA. Sollten also bald wieder große Weine in Sachsen entstehen, dann gewiß nicht als Kopie aus glorreichen Zeiten, eher schon als Neuinterpretation des hier vorhandenen natürlichen Potentials. Die feinsten jüngeren Jahrgänge verheißen denn auch eine schöne Zukunft.

Unten links und unten: *Meißen, wo sich einige der schönsten sächsischen Weinberge befinden, entstand als Ansiedlung zu Füßen einer 929 errichteten Festung König Heinrichs I. Die stattlichen Bauwerke dokumentieren die Wohlhabenheit seiner Bürger seit dem 18. Jahrhundert, als das Meißener Porzellan Weltruf erlangte.*

Oben: *Dresdens prachtvolle Bauwerke – die Semperoper und die Hofkirche, der Zwinger und das Schloß, das Albertinum, das japanische Palais usw. – begeistern auch die weltläufigsten Touristen.*

DRESDEN

Als Weinstadt ist Dresden weitgehend unbekannt. Dabei liegen einige der schönsten von Sachsens 320 Hektar Rebflächen innerhalb seines Gemeindegebiets. Zu ihnen gehören der Goldene Wagen in Radebeul und der Königliche Weinberg in Pillnitz, Namen, die die Bedeutung illustrieren, welche die sächsische Königsfamilie dem Weinbau beimaß. Auf der Höhe ihrer Macht im 18. Jahrhundert stand eine insgesamt fünfmal so große Fläche unter Reben wie heute. Zeitgenössische Beschreibungen der Weine und seltene Exemplare aus jener Zeit belegen eine hohe önologische Kultur. Die Anzahl der Weinberge ist zwar mittlerweile aus verschiedenen Gründen drastisch zurückgegangen, doch das Interesse der Sachsen an ihren Weinen hat mitnichten nachgelassen.

Die Baudenkmäler der Stadt, die im Bombenhagel der britischen Luftwaffe im Februar 1945 in Schutt und Asche gelegt worden waren, sind inzwischen in altem Glanz restauriert worden. Nach jahrzehntelangen Reparaturarbeiten steht das Schloß heute vor seiner Vollendung, und auch die Frauenkirche ist wie durch ein Wunder aus dem Trümmerhaufen vor 50 Jahren wiederauferstanden.

DRESDEN

HOTELS

Bülow Residenz/ Restaurant Carousel
Rähnitzgasse 19
01097 Dresden-Neustadt
Tel. 0351/44033
Ralf J. Kutzner ist der Direktor von Dresdens exquisitestem Hotel und Küchenchef im nobelsten Restaurant. Das detailgenau restaurierte Gebäude von 1730 ist eines von vielen schönen, alten Häusern in dieser Ecke der Dresdener Neustadt. Das stilvolle Restaurant bietet eine feine, aber nicht exaltierte internationale Küche. Im Sommer sollte man einen Tisch

Dresden ist nicht zum ersten Mal wiederaufgebaut worden. Die preußische Kanonade von 1760 und der große Brand von 1685 haben kaum weniger Verheerungen hinterlassen als die britischen Luftangriffe.

Jede Stadtbesichtigung sollte vom Altmarkt ausgehen, dem großen Platz, der vermutlich schon bei der Stadtgründung vor 800 Jahren das Zentrum darstellte. Von der Kreuzkirche an seiner Ostseite steht mittlerweile bereits die vierte Version. 1760 zerstört, wurde sie in der Mitte des 20. Jahrhunderts radikal umgebaut. Die monumentale Feierlichkeit ihres umgestalteten Innenraums scheint den Geist jener Jahre perfekt zu verkörpern. Sie ist sicherlich eines der großartigsten Werke deutscher Kirchenarchitektur dieses Jahrhunderts.

Rund um den nahen Neumarkt gruppieren sich die Dresdner Akademie der Künste, das Albertinum mit seiner schönen Sammlung von Bildern des romantischen Meisters Caspar David Friedrich und moderner deutscher Kunst, das Verkehrsmuseum und die faszinierende Frauenkirche. Der wundervolle Blick über den Fluß von der Brühlschen Terrasse aus verdeutlicht, warum Dresden den Beinamen «Elbflorenz» bekommen hat. Wenn Sie der

Oben: *Die Semperoper, benannt nach ihrem Baumeister Gottfried Semper, entstand zwischen 1871 und 1878. Sie erlebte viele bedeutende Premierenaufführungen, darunter mehrere Opern von Richard Strauss.*

im Hof unter den weinumrankten Pergolen bestellen. Exzellente Auswahl hiesiger und internationaler Weine. Anständige Preise im Lokal, aber ziemlich teuer im Hotel.

Kempinski Taschenbergpalais
Taschenberg 3, 01067 Dresden
Tel. 0351/49120
Das kürzlich eröffnete Prachthotel direkt neben Dresdens großen Baudenkmälern bietet edelsten Stil und Luxus. Der Barockpalast von 1709 war einst die Stadtresidenz Constantias von Cosel, der Mätresse Augusts des Starken. Mit der Rechnung zahlen Sie auch einen Anteil an den Renovierungskosten.
Das Restaurant ist nicht auf dem Niveau des Hotels.

Schloß Eckberg
Bautzner Straße 134
01099 Dresden-Weißer Hirsch
Tel. 0351/80425271
Romantisches Hotel in einem von Dresdens sogenannten Weinschlössern. Das extravagante neugotische Gebäude steht in einem großen, wunderschönen Park oberhalb der Elbe. Ziemlich teuer. Das Restaurant lohnt nicht.

Schöne Aussicht
Krügerstraße 1, 01326 Dresden-Loschwitz, Tel. 0351/36305
Kleines Hotel mit einfachen, aber gemütlichen Zimmern. Für die teure Innenstadt ziemlich preiswert.

Terrasse bis zur Augustusbrücke folgen, sehen Sie gegenüber der Brücke das Schloß und die herrliche barocke Hofkirche (erbaut 1739-1755) mit ihrem 85 Meter hohen Turm. Der kürzlich rekonstruierte Schloßturm beherrscht heute die Silhouette der Stadt, ähnlich wie vor 200 Jahren, als der Maler Canaletto hier arbeitete. Das Grüne Gewölbe mit der Sammlung von Edelsteinen und ausgefallenen Schmuckgegenständen König Augusts des Starken soll demnächst von seinem derzeitigen Aufenthaltsort im Albertinum in den Schloßkeller überführt werden.

Gleich daneben steht das Taschenbergpalais, einst die städtische Residenz von Constantia von Cosel, der Maitresse Augusts des Starken. Heute hat sich hier das noble Kempinski-Hotel einquartiert. Sehenswert ist auch der überdachte Verbindungsgang zwischen den Gebäuden. Der benachbarte Zwingerkomplex, der ursprünglich höfischen Festen vorbehalten war, wurde von M. D. Pöppelmann zwischen 1711 und 1728 für August den Starken entworfen. Mittlerweile werden hier in verschiedenen Räumen Canalettos Gemälde von Dresden und Umgebung und eine Anzahl von Rembrandt-Bildern sowie die Porzellansammlung Augusts des Starken ausgestellt. Die meisterhaften Rekonstruktionsarbeiten an der nahen Semperoper wurden 1985 vollendet.

Von der Augustusbrücke hat man die wichtigsten Bauwerke in der Innenstadt wundervoll im Blick. Auf der rechten Elbseite steht das 1736 errichtete goldene Reiterstandbild von August dem Starken und das riesige Japanische Palais, in dem einst seine Porzellansammlung untergebracht war. Hier beginnt der Neustadt-Bezirk von Dresden; viele seiner engen Straßen scheinen sich schon

Unten: *Der Lange Gang, bestehend aus 22 toskanischen Arkaden um einen Stallhof, ist ein elegantes Element des Renaissanceschlosses.*

Links: *In seiner Blütezeit fanden im Zwinger aus dem frühen 18. Jahrhundert höfische Festivitäten statt. Heute beherbergt er Dresdens Gemäldegalerie Alte Meister und die Porzellansammlung Augusts des Starken.*

Unten: *Ein interessantes Detail des Zwingers.*

seit ewigen Zeiten nicht mehr verändert zu haben. Gerade die Neustadt hat unter dem Zerstörungswerk vom Februar 1945 und in den Jahrzehnten kommunistischer Herrschaft vergleichsweise wenig gelitten. Viele Jahre lang war hier der Mittelpunkt der städtischen Kunstszene, und nach der Wiedervereinigung blühte das Viertel auf. Wenn Dresden wie schon einmal Berlin als Kulturzentrum Konkurrenz machen wird, dann nicht zuletzt wegen der Lebenskraft seiner Neustadt.

Die vielleicht größte Überraschung für die erstmaligen Besucher Dresdens ist die reichhaltige Architektur in vielen Außenbezirken. Wenn man das linke Elbufer in Richtung Blasewitz entlangfährt, sieht man reihenweise Straßenzüge voll mit Villen, entstanden an der Wende zum 20. Jahrhundert. Auf diesem Weg hat man auch einen atemberaubenden Blick auf die drei Weinschlösser auf der anderen Flußseite: Albrechtsberg, Stockhausen und Eckberg. In Blasewitz überspannt die Hängebrücke, das «Blaue Wunder», in elegantem Schwung den Fluß – als Verbindung nach Loschwitz, Nobelvorort und Künstlerkolonie in einem. Hier leben in wunderschönen Häusern aus dem ausgehenden 19. Jahrhundert viele Repräsentanten der dynamischen Dresdner Künstlergemeinde.

Fahren Sie die Pillnitzer Landstraße hinaus, vorbei an der Seilbahn, die über die steile Anhöhe oberhalb des Flusses nach Wachwitz führt. Der Rhododendron-Park ist im Frühling schon alleine eine Dresden-Reise wert.

RESTAURANTS

Ars Vivendi
Bürgerstraße 14, 01127 Dresden
Tel. 01 72/3 48 67 68
Dieter Brünings phantasievolle Küche mag einigen exzentrisch vorkommen, doch seine schon optisch ansprechenden Kreationen sind voller Aroma und Geschmack. Gute internationale Weinkarte und moderate Preise.

Carousel
Siehe Hotels: Bülow Residenz.

Erholung
Rißweg 39
01324 Dresden-Weißer Hirsch
Tel. 03 51/37 79 93
Mario Pattis, Küchenchef in diesem stilvollen neuen Restaurant, ist äußerst talentiert. Manchmal mag sein Talent sogar mit ihm durchgehen. Der Dresdener Stadtplan an der Decke des Lokals ist eine unterhaltsame Abwechslung. Maßvolle Preise.

Kahnaletto
An der Augustusbrücke
01067 Dresden
Tel. 03 51/4 95 30 37
Eine kleine Restaurantperle im Stadtzentrum unweit von der Augustusbrücke und der Semperoper. Küchenchef Peter Glöckner bietet eine leichte moderne Küche mit italienischem Einschlag.

SEHENSWÜRDIGKEITEN

Dresdener Museen – Gemäldegalerie Alte Meister und Porzellansammlung, Zwinger, Theaterplatz, 01067 Dresden, Tel. 03 51/4 84 01 20. Eine bedeutende Kollektion alter Meister, u. a. Rembrandt und Canalettos Stadtbilder. Ebenso beeindruckend die Porzellansammlung Augusts des Starken. Montags geschlossen.

Oben und unten rechts: *In die Konstruktion des Bergpalais von Schloß Pillnitz flossen Elemente aus dem französischen Barock und in großem Umfang auch orientalische Motive aus dem Dekor der Porzellansammlung Augusts des Starken mit ein.*

Unweit der Pillnitzer Landstraße wölbt sich der Weinberg von Wachwitz, der einen Teil des Königlichen Weinbergs ausmacht. Ein kurzes Stück weiter auf der Hauptstraße erreicht man Pillnitz mit seinen entzückenden Barockschlössern Wasserpalais und Bergpalais (Schloß Pillnitz), der Landresidenz Constantias von Cosel, die sich sehr für die dazugehörigen Reben interessierte. Der schöne terrassierte Königliche Weinberg (Neuanpflanzung in den frühen achtziger Jahren des 20. Jahrhunderts) umrahmt die elegante Weinbergskirche, die zur selben Zeit wie das Schloß erbaut wurde. In einem hypermodernen Gewächshaus blüht die älteste Kamelie der Welt.

In einem Teil der Keller von Schloß Pillnitz aus dem späten 16. Jahrhundert bereitet Klaus Zimmerling die feinsten Weine der Region. Sein Gut erreicht man auf dem schmalen Bergweg hinter dem Kernstück des Königlichen Weinbergs und der Weinbergskirche.

Zimmerling symbolisiert Sachsens neue Winzergeneration, die die hiesigen Weine wieder in die Spitzenpositionen boxen will, die sie vor zwei Jahrhunderten innegehabt haben. Im 17. Jahrhundert gab die königliche Weindomäne den Ton an. Heute haben die privaten Weinbauern ihre Güter aus dem Nichts heraus aufgebaut, und die Spitzenproduzenten konzentrieren sich fast ausschließlich auf Weißwein.

In dem nördlichen Klima erwartet man eigentlich dünne, säuerliche Weine, aber Zimmerlings trockene Rieslinge, Grauburgunder und Traminer erreichen in guten

– **Gemäldegalerie Neue Meister und Grünes Gewölbe**, Albertinum, Georg-Treu-Platz/Brühlsche Terrasse, 01067 Dresden, Tel. 0351/4953056. Umfangreiche Kollektion deutscher Kunst des 19. und 20. Jhs., u. a. Bilder des romantischen Malers Caspar David Friedrich. Das Grüne Gewölbe kehrt nach Abschluß der Restaurierungsarbeiten am Schloß an seinen früheren Standort zurück. Montags geschlossen.

– **Karl-May-Museum**, Karl-May-Straße 5, 01445 Radebeul, Tel. 0351/762727. Das Sterbehaus des Schriftstellers in dem Vorort von Dresden blieb genauso erhalten, wie er es zu seinen Lebzeiten bewohnt hatte.

Jahrgängen immerhin zwölf oder mehr Prozent Alkohol, und sie schmecken frisch, keineswegs scharf. Die Granitböden verleihen ihnen einen starken mineralischen Charakter, der die Rieslinge an die Weine in der österreichischen Wachau erinnern läßt und die Traminer an bestimmte Elsässer Tropfen, und doch bewahren sie sich ihre ganz eigene Eleganz.

Die übrigen bedeutenden Weinberge Dresdens liegen auf der anderen Seite der Stadt bei Radebeul. Am besten erreicht man sie von der Stadtmitte aus über die Augustusbrücke und folgt dann den Schildern nach Meißen. Baulich am beeindruckendsten sind hier die Gebäude von Schloß Wackerbarth aus den späten zwanziger Jahren des 18. Jahrhunderts. Hier hat sich Sachsens Staatsweingut niedergelassen, das ein Drittel der regionalen Weinberge betreut. Dennoch kann man seine Weine derzeit noch nicht empfehlen, nicht einmal die von der großen Radebeuler Lage Goldener Wagen. Das prachtvolle Aussichtsgebäude inmitten seiner architektonischen Gärten ist ein bekanntes Wahrzeichen, doch die anderen Häuser und Türme an den abschüssigen Weinbergen sind kaum weniger eindrucksvoll.

Wenn Sachsens Weinkultur heute wieder in Pillnitz, Meißen und Diesbar-Seußlitz ihr Haupt erhebt, dann geht das in erster Linie auf private Initiative zurück. Obwohl Radebeuls führende Winzer Friedrich Aust und Klaus Seifert bis jetzt nur über kläglich winzige Parzellen verfügen, führen sie dennoch deren Potential vor Augen. Müller-Thurgau erbringt für diese redliche Traubensorte ungewöhnlich geschmeidige, rassige Weine mit deutlich mineralischem Charakter, und der Traminer erreicht angesichts des nördlichen Standorts eine erstaunliche Opulenz.

EMPFOHLENE ERZEUGER

Weinbau Friedrich Aust
Weinbergstraße 10, 01445 Radebeul
Tel. 0351/8301454
Auf dem Miniaturgut der Familie Aust produziert man bereits einige von Sachsens besten Weinen, darunter einen exzellenten trockenen Traminer aus 65 Jahre alten Rebstöcken von der Radebeuler Lage Goldener Wagen.

Weinbau Klaus Seifert
Weinbergstraße 26, 01445 Radebeul
Ein kleines Gut mit sehr sauberen, fruchtigen trockenen Weinen. Es gibt kein Telephon, aber Herr Seifert ist am besten am späten Nachmittag anzutreffen.

Staatsweingut Schloß Wackerbarth
Im Schloß, 01445 Radebeul
Tel. 0351/722728
Mit über 100 ha das größte Gut der Region. Doch die meisten Weine bringen das Potential der Lagen nur zu einem Bruchteil hervor. Am besten sind die trockenen Grau- und Weißburgunder. Sonntags geschlossen.

Klaus Zimmerling
Bergweg 27
01326 Dresden-Pillnitz
Tel. 0351/2811608
Kleines Gut unter der Leitung des früheren Ingenieurs Klaus Zimmerling. Sehr individuelle «handwerkliche» Weine. Die komplexen trockenen Rieslinge, Traminer und Grauburgunder sind die besten Weine der Region. Anmeldung erforderlich.

MEISSEN UND DAS ELBTAL

HOTELS

Lehmann
Siehe Empfohlene Erzeuger.

Merkers Weinstuben
Siehe Restaurants.

Panonia Parkhotel
Hafenstraße 27-31, 01662 Meißen
Tel. 03521/72250
Die auffallende, farbig geflieste Fassade dieses ungewöhnlichen Hotels hebt sich deutlich von der Umgebung ab. Attraktive, komfortable, durchaus stilvolle Zimmer. Anständige Preise.

Rechts: *Blick auf Meißen vom Burgberg. Die Stadt entstand im 12. Jahrhundert um eine strategisch wichtige Festung an einem Elbübergang.*

Unten: *Die Albrechtsburg aus dem 15. Jahrhundert hoch über der Elbe wurde von Markgraf Albrecht in Auftrag gegeben.*

MEISSEN UND DAS ELBTAL

Nicht im geringsten verunziert durch häßliche moderne Bauten oder die noch augenfälligeren Spuren des Tourismus, ist Meißen wohl die schönste deutsche Weinstadt überhaupt. Sie liegt in dem letzten schmalen Abschnitt des Elbtals, bevor sich der Fluß in die Ebene des sächsischen Tieflands ergießt. Um hierher zu gelangen, nimmt man am besten im Zentrum Dresdens die B 6. Der erste Weinberg taucht mit dem exzellenten Kapitelberg auf der gegenüberliegenden Flußseite auf, vier Kilometer von der Meißener Innenstadt entfernt.

Der alte Stadtkern krallt sich in das Felsmassiv des Burgbergs, auf dem König Heinrich I. 929 die erste Burg errichten ließ. Die erste Elbbrücke folgte drei Jahrhunderte später, 100 Jahre vor dem Bau der Stadtmauer. Die ursprünglich spätgotische Albrechtsburg sieht nach der kürzlichen, äußerst sorgsam erfolgten Restaurierung wie ein echtes Märchenschloß aus. Mit ihrem Bau hatte man 1471 begonnen, und bei ihrer Fertigstellung 1525 hatten sich auch einige Renaissanceelemente eingeschlichen. Jahrhundertelang stand die Burg dann leer, bis August der Starke 1710 die Königliche Porzellanmanufaktur hierher verlegte. 1863 wanderte das Meißner Porzellan ins Trie-

bischtal am Fuße des Hügels ab, gleichzeitig begannen in der Burg umfassende Renovierungsarbeiten, in deren Verlauf eine Reihe von großen neugotischen Wandgemälden entstand. Elf Mitglieder der Dresdener Kunstakademie beschäftigten sich mit der Dekoration der Deckengewölbe. Die Künstler legten dabei keinen Wert auf historische Genauigkeit, sondern ließen ihrer Phantasie freien Lauf und schufen ein traumähnliches Ambiente. Am 3. Oktober 1990 wurde in dieser Burg der Freistaat Sachsen gegründet.

Der Meißner Dom mit seinen Zwillingstürmen ist eine der schönsten gotischen Kathedralen Deutschlands. Sein reicher Schatz an Steinmetzarbeiten und Skulpturen, mit deren Herstellung man schon kurz nach dem Baubeginn 1260 angefangen hatte, lohnt eine eingehende Betrachtung. In der Nähe des Doms steht der spätgotische Bischofspalast aus dem ausgehenden 15. Jahrhundert.

Im Schatten der Meißner Prachtbauten hat der führende Weinhersteller des Bezirks, Dr. Georg Prinz zur Lippe vom Gut Schloß Proschwitz, ein Weingeschäft eingerichtet, in dem man seine und die Weine anderer Privatgüter der Region probieren und kaufen kann. Meißen ist auch

RESTAURANTS

Merkers Weinstuben
Meißener Straße 10, 01612 Diesbar
Tel. 035267/780
Albrecht Merker leitet eine reizende Weinstube am Elbufer, wo er anständige, delikate Hausmannskost auftischt. Preisgünstiges Sortiment an Weinen von den besten Winzern der Region, darunter guter Weißburgunder aus den eigenen Weinbergen. Es gibt auch ein paar relativ billige, ansprechende Hotelzimmer.

Vincenz Richter
An der Frauenkirche 12, 01662 Meißen
Tel. 03521/453285
Das traditionelle Restaurant in Meißens schönstem Fachwerkhaus serviert sehr gute regionale Küche. Die große Weinkarte umfaßt alle deutschen Anbaugebiete und eine kleine internationale Auswahl. Moderate Preise. Im Sommer Reservierung erforderlich.

Sitz der regionalen Genossenschaft, deren 2000 Mitglieder für rund zwei Drittel der Produktion in diesem Gebiet verantwortlich zeichnen. Man kann zwar mit einigem Glück immer wieder eine gute Flasche ergattern, doch insgesamt mangelt es an qualitativer Konstanz.

Der größte Teil der Stadt liegt unterhalb des Burgbergs. Ein Spaziergang durch das Labyrinth der Straßen enthüllt an jeder Ecke immer noch reizvollere und faszinierendere Aspekte. Einige der imposantesten Gebäude grenzen den Markt ein, der weiterhin in Betrieb ist. Dazu gehören die spätgotische Frauenkirche mit dem einprägsamen Turm und das Rathaus aus dem 15. Jahrhundert. Gegenüber dem Rathaus befinden sich die Renaissanceapotheke von 1560 und noch ein paar sehenswerte Häuser aus der Zeit zwischen dem 15. und 18. Jahrhundert. Ganz in der Nähe steht auch der bekannte «Weinschank Vincenz Richter» in einem unglaublich malerischen Fachwerkhaus von 1523. Abseits in den Nebenstraßen entdeckt man das Augustinerstift St. Afra, eine Mischung aus gotischer und Renaissancearchitektur. Das Museum und die Austellungsräume der Porzellanmanufaktur geben einen Einblick in die Geschichte dieser Industrie und die kulturelle Entwicklung der Region.

Jenseits der Elbbrücke liegt am rechten Ufer der modernere Teil der Stadt mit einer Reihe von prächtigen Villen aus dem 19. Jahrhundert. Nehmen Sie die Straße den Fluß abwärts, und Sie stoßen am Stadtrand auf die ersten Rebparzellen mit schmalen, steinigen Terrassen. Sie gehören zur Lage Katzensprung, die alle Vorausset-

EMPFOHLENE ERZEUGER

Lehmann
An der Weinstraße 26, 01612 Seußlitz
Tel. 035267/236
Joachim Lehmann bereitet auf seinem winzigen Gut sehr saubere, fruchtige trockene Weine. Am besten sind die Weißburgunder, Traminer und Rieslinge. Das meiste davon wird in den «Seußlitzer Weinstuben» des Gutes verkauft, in denen man auch traditionelle einheimische Gerichte serviert. Außerdem gibt es 5 billige und einfache Gästezimmer.

Schloß Proschwitz
01665 Proschwitz über Meißen
Tel. 03521/452096
1991 kaufte Dr. Georg Prinz zur Lippe das Familienweingut zurück, das in DDR-Zeiten verstaatlich worden war. Am besten sind die trockenen Grauburgunder, aber auch die anderen Weine schmecken sauber und frisch.

Jan Ulrich
Meißener Straße 4, 01612 Diesbar
Tel. 035267/220
Der Mittzwanziger Jan Ulrich hat sein Gut aus dem Nichts heraus aufgebaut. Über die Hälfte der Produktion entfällt auf den stets fruchtigen und gutgemachten trockenen Kerner, doch der Riesling ist am besten. Wochenends Anmeldung erforderlich.

Rechts: *Die Renaissanceapotheke von 1560 auf dem Meißner Marktplatz.*

zungen für Weine der Extraklasse bietet. Mit ihrer Südwestausrichtung, der Nähe zum Fluß und dem Porphyrboden gleicht sie den Spitzenweinbergen der Nahe, und im 18. Jahrhundert lieferte sie die feinsten Tropfen der Region. Doch mit der Reblausplage begann der Abstieg, den Wirtschaftskrisen und Kriege in der Folge noch beschleunigten. Das hier ausgeschilderte Gut des Prinzen zur Lippe finden Sie bei Proschwitz.

Von der Stadtgrenze ist es nur eine kurze Fahrt zu den reizenden Weindörfern Diesbar und Seußlitz. Hier inmitten von Weingärten, Wäldern und Äckern scheint einem das betriebsame Dresden Millionen von Kilometern entfernt. Die interessantesten Erzeuger sind der erfahrene Kellermeister Joachim Lehmann und der Newcomer im sächsischen Weingeschäft, Jan Ulrich.

In das Barockschloß von 1726 am Nordrand von Seußlitz hat man die Überreste der gotischen Abteikirche miteinbezogen. Seine architektonischen Gärten im französischen und englischen Stil und die Terrassenweinberge rundherum werden von der Heinrichsburg überragt – keine mittelalterliche Festung, wie der Name vermuten ließe, sondern ein Gartenhaus aus dem 18. Jahrhundert mit einer wundervollen Aussicht. Das Schloß ist perfekt in die Landschaft eingepaßt und wirkt so viel harmonischer als die für jene Zeit typische Dominanzarchitektur.

Mit die ältesten Weinberge der Region waren schon im 12. Jahrhundert bestockt, und man kann nur hoffen, daß die Weine in Bälde wieder ein Profil bekommen, wie sie 1783 beschrieben wurden: delikat und wertvoll.

Oben: *Weinberge bei Meißen, wo der Weinbau seit 1161 urkundlich belegt ist.*

Unten: *Die Zwillingstürme des schönen gotischen Doms überragen die Burg. Erbaut zwischen dem 13. und 15. Jahrhundert, birgt er unschätzbare Kunstwerke.*

Glossar

Anbaugebiet – Die Bundesrepublik Deutschland ist offiziell in 13 bestimmte und geographisch exakt abgegrenzte Anbaugebiete unterteilt.

Auslese – Ursprünglich eine Bezeichnung für einen vollen, natursüßen Wein aus ausgewählten spätgelesenen Trauben. Inzwischen versteht man gemäß dem geltenden Deutschen Weingesetz unter Auslesen eine bestimmte Weinkategorie, deren Lese und Qualität strengen Kontrollen unterliegen. Heute werden Auslesen mitunter auch trocken vinifiziert.

Barrique – Kleines Eichenfaß, meist mit einem Fassungsvermögen von 225–300 l und hergestellt aus französischem oder einheimischem Holz, das für die Vergärung und/oder den Ausbau von Rot- und Weißwein verwendet wird. Während deutsche Barriqueweine bis vor kurzem oft einen zu starken Eichenton aufwiesen, werden inzwischen einige gute Tropfen mit dieser Technik erzeugt.

Beerenauslese – Äußerst gehaltvolle, üppige Weine aus eingeschrumpften, botrytisierten Trauben (siehe Edelfäule). Beerenauslesen aus Riesling oder einer anderen Edeltraube sind rar und entsprechend teuer.

Edelfäule – Die meisten großen deutschen Dessertweine werden aus Beeren hergestellt, die von diesem Pilz (Botrytis cinerea) befallen sind.

Eiswein – Hierfür werden die Trauben im gefrorenen Zustand gelesen und gekeltert.

Erzeugerabfüllung – Ein Wein, der eine solche Aufschrift trägt, enthält nur Trauben von Rebflächen aus dem eigenen Besitz eines individuellen Guts oder auch einer Winzergenossenschaft (siehe auch Gutsabfüllung).

Federweißer – Noch in Gärung befindlicher Most, der bereits zur Zeit der Lese auf den Markt kommt. Er ist milchig trüb und schmeckt leicht nach Hefe. Traditionsgemäß genießt man ihn zu Zwiebelkuchen.

Filtration – Üblicherweise werden deutsche Weine vor dem Aufziehen auf Flaschen filtriert, um sie zu stabilisieren. Heute werden einige hochklassige deutsche Rotweine unfiltriert abgefüllt.

Fuder – Traditionelles 1000-Liter-Faß, das schon von den Römern an Mosel, Saar und Ruwer verwendet wurde.

Gärung – Die Umwandlung von Zucker in Alkohol und Kohlensäure kann einige Tage, aber auch bis zu sechs Monate dauern.

Gutsabfüllung – Auf dem Gut abgefüllter Wein (siehe auch Erzeugerabfüllung).

Halbtrocken – Offizielle Bezeichnung für Weine, deren Restzuckergehalt sich in einem bestimmten, gesetzlich vorgeschriebenen Bereich bewegt. Er liegt über dem für trokkene Abfüllungen zulässigen Grad.

Hefebrand – Nach der Gärung kann man aus dem Hefetrub einen Branntwein herstellen. Er ist von wäßriger Farbe und schmeckt milder als Tresterbranntwein.

Hefetrub – Die tote Hefe, die sich nach der Gärung auf dem Faßboden absetzt.

Kabinett – Die niedrigste Kategorie der Qualitätsweine mit Prädikat. Im Mosel-Saar-Ruwer-Gebiet kann ihr Alkoholgehalt bei nur 7 % vol. liegen, wobei das Weingesetz leider kein Maximum festlegt.

Lage – Man unterscheidet die Einzellage, die einen genau umschriebenen Bereich eines Weinbergs bezeichnet, und die Großlage, unter der weit größere Bereiche zusammengefaßt sind. Leider läßt sich für den Laien aus dem Namen allein nicht erkennen, um welche Art von Lage es sich handelt.

Landwein – Eine Unterkategorie des Tafelweins. Trockene oder halbtrokkene, meist preiswerte Alltagsweine.

Lieblich – Bezeichnung für Weine mit natürlicher Restsüße, der man in Preislisten, aber fast nie auf Etiketten begegnet.

Most – Frisch gepreßter Traubensaft.

Oechsle – Maß für den Zuckergehalt des Mostes (angegeben in °Oe). Er ist das alleingültige Kriterium für die vom Deutschen Weingesetz geregelte Klassifikation der Weine.

Qualitätswein bestimmten Anbaugebietes (QbA) – Offizielle Bezeichnung für eine Weinkategorie zwischen Tafelwein und Kabinett. Um ihren Alkoholgehalt zu erhöhen, dürfen diese Weine mit Zucker angereichert werden.

Säure – Ein geschmacksbestimmendes Element bei deutschen Weinen. Sie wird im Grammgewicht der Weinsäure pro Liter angegeben. Allerdings erlauben diese Zahlen kaum Rückschlüsse auf den Geschmack oder die Qualität des Weins.

Schönen – Durch Zusatz bestimmter Substanzen wird der junge Wein im Faß geklärt. Während die französischen Spitzenerzeuger der Schönung gegenüber dem Filtrieren den Vorzug geben, sind die meisten hochklassigen Weine aus Deutschland leicht filtriert, aber ungeschönt.

Schwefeldioxid – Wird dem Wein beigegeben, um die Oxydation zu verhindern. Harmlos, jedoch manchmal bei jungen Weinen geschmacklich wahrzunehmen.

Spätlese – Offizielle Bezeichnung für Weine, die infolge der späten Lese der Trauben eine gewisse natürliche Restsüße enthalten. Bedauerlicherweise schreibt das derzeit gültige Weingesetz für diese Kategorie so geringe Qualitätskriterien vor, daß nur die Spätlesen namhafter Erzeuger wirklich etwas Besonderes sind.

Spitzenlage – Herausragender Bereich eines Weinbergs, heute oft auch als «Grand cru» bezeichnet.

Steillage – Extrem abschüssiger Rebhang.

Stück – Ovales 1200-Liter-Faß, das mindestens seit dem Mittelalter im Rheintal in Gebrauch ist.

Tresterbranntwein – Die deutsche Entsprechung des französischen Marc und der italienischen Grappa, aus den vergorenen Preßrückständen der Trauben gebrannt und oft ebenso rauh wie seine Verwandten aus den Nachbarländern.

Trockenbeerenauslese – Die höchste Prädikatsstufe des Deutschen Weingesetzes. Außerordentlich reiche und besonders üppige Weine aus rosinenartig eingeschrumpften Trauben. Trockenbeerenauslesen aus Riesling oder anderen Edeltrauben sind große Raritäten und werden zu höchsten Preisen gehandelt.

Index

Anmerkung: Bei Hotels und Restaurants werden die Orte in Klammern angegeben.

INDEX

Orte und Weinberge

ORTE UND WEINBERGE

BILDNACHWEIS

Cephas Picture Library / Stuart Boreham 27 unten / **Herve Champollion** 18/19 / **Chris Gander** 5 unten / **Pierre Hussenot** 93 / **Mick Rock** 23 unten und oben rechts, 25 oben rechts, 52/53, 92, 96/97, 132, 133. **Robert Harding Picture Library / Jane Legate** 117 oben / **Adam Woolfitt** 98 oben. **Scope** 123 oben / **Jean Luc Barde** 24 unten, 25 Mitte / **Chris Cheadle** 104, 105 / **Michel Gotin** 5 oben, 46, 47 links, 55 oben, 78, 86, 88/89 / **Jacques Guillard** 3, 5 unten und Mitte oben, 6, 8, 9, 11, 14 unten links, 14/15 unten, 20 Mitte, 22/23 unten, 26/27 unten und oben, 28/29, 30/31, 32, 33 links, 34, 40/41, 42, 43, 44/45, 47 rechts, 48, 49, 50 oben, 50/51, 52 links, 54/55, 56/57, 58/59, 61, 62, 63, 69 oben, 71 oben, 72/73, 74/75, 76/77, 80/81, 81 oben, 87, 90 unten, 94/95, 100, 101 links, 102/103, 105 oben, 108, 109 unten, 113 oben und unten, 117 unten, 124, 125, 126/127 / **Michel Guillard** 10, 12/13, 14/15 oben, 24/25, 38, 64 /65, 66/67, 69 unten, 70/71, 77 oben, 79, 80 oben, 82, 84/85, 89 oben, 90 oben, 91, 98 oben, 99, 101 rechts, 103, 109 oben, 110/111, 112/113, 114/115, 118/119, 121, 134, 135 / **Noel Hautemaniere** 16/17, 20/21 oben, 22/23 oben, 33 rechts, 35, 36/37, 39, 60, 83, 106/107, 116, 120, 123 unten, 128 unten, 129 unten, 130/131 / **Sara Matthews** 20 unten / **VMF/Galeron** 128/129, 122/123.